MOEWIG
HUMOR

Werner Finck
Finckenschläge

MOEWIG

Copyright © by F. A. Herbig Verlagsbuchhandlung, München
Lizenzausgabe mit Genehmigung
der F. A. Herbig Verlagsbuchhandlung, München
Umschlagfoto: dpa
Umschlagillustration: Heinz Bogner
Umschlagentwurf und -gestaltung: Franz Wöllzenmüller, München
Verkaufspreis inkl. gesetzl. Mehrwertsteuer
Auslieferung in Österreich:
Pressegroßvertrieb Salzburg, Niederalm 300, A-5081 Anif
Printed in Germany 1981
Druck und Bindung: Mohndruck Graphische Betriebe GmbH, Gütersloh
ISBN 3-8118-4804-6

Wilhelmine Lübke
gewidmet

DENKMALSCHUTZ

Was wir auch für Chancen haben,
Erz und Stein und sonst noch was,
Unsre Namen einzugraben –
Eines Tags zerfällt auch das.

Was sie sich von dir erzählen,
Und mit Bosheit weiterleiten,
Das mußt du als Denkmal wählen,
Das allein hält Ewigkeiten.

Inhalt

An-Schläge 11
Selbstbildnis 13

Pro- und Diagnosen für Deutschland

Neue Herzlichkeit 15
Germania spricht 16
Das Haus 17

Ausdeutungen in Andeutungen

Es weht ein frischer Wind, zwei, drei 18
Ein königliches Erlebnis 19
Verdunkelungsübung 20
Fürstlicher Empfang 21
Der Wind steht drauf 23
Der Reitz der Gymnastik 24
Silvesterrede 1937 26
Zur Grippezeit zu lesen 27
Was jeder hören kann 28

. . . und dann wie im August

Hurra! 31
Der Posten 32
Nacht im Massenquartier 33
Zellenzeilen 34

Brief aus Rußland 35
An meinen Sohn Hans Werner 36
Grüße aus einem römischen Lazarett 37
Surrealistischer Vierzeiler 37
Bestandsaufnahme 38
Silvester 1944 39
Beim Ziegelputzen zu singen 40
Gedanken zum Nachdenken 41
Das Schwert des Damokles 43
Störungssuche 44
Melde mich zurück 44
Silvesterrede 1945 47

Vom Untergang zum Übergang

Verdruckstes 51
Ich werde aufgemöbelt 53
Unsere trojanische Pferdekur 55
Sehr verjährter Herr von Goethe 56
Liberal als tot 58

Poesien

Wilhelminisches Krieger-Begräbnis 60
Mieke 62
Aus der Jugendzeit 64
Lebensanschauung eines Boxers 65
Der Mond über sich selbst 66
Alter Spötter und junger Mond 67
Nachgelassener Zettel an den Logiskameraden 68

Elegie vor der Haustür 69
Warmer Sommertag 70
An Ruth 71
Herbst 73
Advent 74
Volkslied 75
Stammbuchverse 76
Dunkler Mann im ängstlichen Zimmer 77
Tauwetter 78
Beschuhte Schafe 79
Landregen 82
Gang durch die Kuhherde 83
Der Naturapostel 84
Das Bett 86
Der Mond 86
Ohne Köpfchen keine Erleuchtung 88
Fasse dich kurz! 90
Kompromittierte Straßenbahn 91
Natur und Mensch 94
Hoch hinaus 95
Die Mücken 96
Der Phlegmatiker 97
An den Nabel 97
Geräusche 98
Der Wecker 99
„Geben Sie mir ein Limit" 100
Ich sitze zwischen zwei Stilen 102
Gebärden des Zorns 106
Kleine Rolle 108
Komödiantenliebe 109
Artistenlos 110
Zum 70. Geburtstag von Claire Waldoff 1954 113

Der Traurige 113
Der Zögerer 114
Der Finck fliegt 115
Der mutige Seefahrer 120
Weltuntergang in Litauen 121
Ruinöses 121
Mein letzter Wille 123

Im übrigen . . .

Ich sage nur – K. d. K. und Katakombe 124
Ich cabaresigniere 128
Glanz und Elend des Conférenciers 130
Optimistischer Jahresglückwunsch 1965 135
Leben in Beurteilungen 136

An-Schläge

Autobibliographisches: Mein Erstling erschien im Jahre 1931. Titel: „Neue Herzlichkeit". Zwei Jahre vor der Machtübernahme. Sechsunddreißig Gedichte. Siebenundachtzig Seiten. Nur zwei Gedichte waren politisch. Sieben Jahre später, also im Dritten Reich, erschien ... Aber ich langweile Sie. Sie wollen amüsant und witzig unterhalten und nicht sachlich unterrichtet werden. Lieber so: Sieben Jahre später erschien „Das Kautschbrevier", den neuen Machthabern so suspekt, daß sie es einstampfen ließen.

Das klingt schon amüsanter, wie? Nur eben mit dieser Formulierung ist mein Fluch wieder trächtig geworden, niederträchtig. Die permanente Nötigung nämlich, wortspielend und spaßmachend mich auszudrücken, wo anderen, nicht so Abgestempelten, eine sachliche Aussage gestattet ist. Und wie mir geht es einer ganzen Gruppe von Autoren, vor allem den Satirikern und Kabarettisten.

Und wenn wir verzweifelt darüber sind, müssen wir die Verzweiflung spielend und scherzhaft zum Ausdruck bringen, sonst kauft sie uns niemand ab.

Wir müssen! Das ist es. Das schließt natürlich nicht aus, daß ich gerne spiele. Am liebsten mit Worten. Man braucht sie meistens nur wörtlich zu nehmen, dann machen sie sich lächerlich. Besonders die feierlichen und pathetischen. Ich spielte – als es sich noch lohnte – auch gern an, was auch gesprochen gefährlich war. Das Scherzen ist mir zur zweiten Natur geworden; so manches in meinem Leben habe ich mir und mit so manchem habe ich es mir verscherzt. Das bezieht sich auf gewisse Politiker und einen gewissen politischen Stil (gewissen klein geschrieben). Womit wir wieder bei den Finckenschlägen wären. Sie enthalten etliche politische Scherze, Späße, die von denen, die keinen Spaß verstanden, oft mit den drakonischsten Strafen belegt worden sind. Glücklicherweise haben sie keinen Spaß verstanden, sonst wäre unsereins noch öfter eingesperrt und gemaßregelt worden.

Den Zensoren ein Schnippchen zu schlagen war damals ein Mordsspaß. Und es ist so richtig, was Karl Kraus geschrieben hat: „Satiren, die der Zensor versteht, werden mit Recht verboten."

Unter diesem Gesichtspunkt und nur unter diesem Gesichtspunkt sind einige Texte zu lesen und zu verstehen, die 1937 im bald danach verbotenen „Berliner Tageblatt" („Von mir aus jede Woche") erschienen sind. Die heutige Generation wird den Kitzel dieser getarnten Meinungsäußerung vielleicht gar nicht mehr empfinden, weil es eine Zensur und eine Bespitzelung im geschilderten Sinne in unserer BRD (Behaglich Restauriertes Deutschland) nicht gibt. *Noch nicht.*

Was bliebe noch zu sagen übrig an Sachlichem? Daß dann und wann, ab und zu, hin und wieder, hie und da (mehr hie als da) Jahreszahlen auftauchen. Die sollten beachtet werden. Sie zeigen an: Hier ist der jeweilige Zeitgeist eingefangen. Lachend kann man ihn befreien. Und es ist eigenartig: Wann immer man einmal absurde Zustände der Lächerlichkeit preisgegeben hat, so veraltet das selten einmal. Allein der Ablauf der deutschen Geschichte gibt ihnen von Zeit zu Zeit die Aktualität ganz von selber zurück. Hierzu siehe den zur Zeit noch unaktuellen Bericht über die erste deutsche Verdunkelungsübung.

So wenig lernen wir aus unseren Niederlagen.

Werner Finck

Selbstbildnis (1946)

Kein ausgezeichneter Kopf, wie man sieht. Und ich habe ihn ganz bewußt nicht ausgezeichnet, sondern es der Phantasie der Betrachtenden überlassen, die Partie von der Schädeldecke bis zum Hals zu vollenden.

Die Stirn ist ohnehin hoch genug und der Schädel dadurch in die Länge gezogen, wie alles, was ich anfange. Eine fliehende Stirn. Vor wem flieht sie? Ein zurückspringendes Kinn. (Fliehen, zurückspringen? Hm. Hm. Sollte ich feiger sein, als ich annehme?)

Aber die Nase ist hervorragend, ganz hervorragend! Sie fesselt den Blick jeden Fremdlings. Bis er sich aus diesen Fesseln gelöst hat, habe ich mein Lächeln aufgesetzt, das ihn bestrickt, also wiederum in Schach hält. (Lächeln ist die eleganteste Art, seinen Gegnern die Zähne zu zeigen.)

Dicht unter der Nase setzt die Lippe ein, die ich sozusagen riskiert habe. Nehmen wir die volle Unterlippe dazu, so haben wir den Mund, den ich so schwer halten kann.

Der Hals bildet bei entsprechender Geneigtheit des Kopfes ein Doppelkinn. Das wenige Haar, das mir die Natur von meinem dichten Schopf gelassen hat – nie dachte der Jüngling daran, daß es sich nur um eine Leihgabe handelt –, die Haarnachhut jenes sich zurückziehenden Haarhaufens hält die Ausgänge des Hinterkopfes dicht über dem Genick besetzt. Es scheint lang, ist aber in Wirklichkeit noch kürzer, als es Vorschrift bei der seligen, pardon, unseligen preußischen Armee war. (Das Haar durfte im heruntergekämmten Zustand nicht über die Höhe der Nasenwurzel hinausgehen.)

Es ist nichts Gradliniges in diesem Gesicht, nichts Gemessenes, sondern barockes Spiel mit der dauernd unterbrochenen Linie.

In summa: Man sieht, dieser Mensch ist gezeichnet. Nicht mit dem Male Kains oder dem Zeichen des Demiurg, sondern mit Tinte.

Und nicht das Schicksal hat ihn gezeichnet, sondern, mit Erlaubnis, er sich selbst.

Pro- und Diagnosen für Deutschland

Neue Herzlichkeit (1930)

Wir stehn vor einer neuen Periode.
Die Sachlichkeit verliert an Sympathie,
Die kalte Schnauze kommt schon aus der Mode;
Zurück zur Seele; Herz ist Dernier cri!

Der Schmerz darf einen wieder übermannen;
Am Jüngling sucht die Jungfrau wieder Halt,
Das Unterleibchen wird sich nach und nach entspannen,
Und nur des Kriegers Faust bleibt noch geballt.

Und da wir grade von den Kriegern reden,
Die Reichswehr macht uns wieder neue Lust,
Man gibt es auf, sie zu befehden:
Es wird wie einst im Mai – und dann wie im August.

Germania spricht (1932)

Wie Mantua in Banden
Lag ich in eis'ger Nacht.
Nun bin ich in allen Landen
Zu neuer Pracht erwacht.

In allen deutschen Gäuen
Drängt es mit Macht empor.
Nun singen sie wieder von neuem
Im hochfeudalen Chor:

Sie sollen ihn nicht haben,
Den freien Deutschen – nein!
Noch fliegen die weißen Raben,
Schenkt ein! Schenkt ein! Schenkt ein!

Es sind die alten Lieder.
Vom Vater hört's der Sohn.
Und immer ziehn sie wieder
Zur Demonstration.

Drum könnt ich heut und morgen
Froh in die Zukunft sehn:
Ein Volk mit solchen Sorgen,
Das kann nicht untergehn.

Das Haus

Ganz oben wohnte Fräulein Lange
Mit ihrer Tochter Hildegard.
Dort hat auch einst die Fahnenstange
Vom Haus des Herrn von J. geknarrt.

Dann folgten eine Treppe tiefer
Ein Ingenieur der AEG
Mit Weib und Kind und Ungeziefer
Sowie ein Ober vom Centralcafé.

Ein Facharzt wohnte in der zwoten
Und unter ihm der Herr von J. . . .
Der züchtete am Fenster Schoten,
Jedoch im Keller ein Komplott.

Und eines Tags durch ein Verhängnis
Flog alles auf mit Krach und Bumm.
Und Herr von J. kam ins Gefängnis.
Die andern aber kamen um.

Noch heute fragen sich die Toten:
Was haben wir dem Mann getan?
Dieweil sie eben nur die Schoten
Und niemals die Granaten sahn.

Ausdeutungen in Andeutungen

Es weht ein frischer Wind, zwei, drei (1933)

Es weht ein frischer Wind, zwei drei,
Wir wollen wieder lachen,
Gebt dem Humor die Straße frei,
Jetzt muß auch der erwachen.

Der Löwe ist das Tier der Zeit,
Der Mars regiert die Stunde;
Doch die geliebte Heiterkeit
Geht langsam vor die Hunde.

Das aber soll dem Teufel nicht
Und keiner Macht gelingen:
Uns um das inn're Gleichgewicht
Und um den Spaß zu bringen.

Drum laßt des Zwerchfells Grundgewalt
Am Trommelfell erklingen.
Wem das nicht paßt, der soll uns halt
Am Götz von Berlichingen.

*(Geschrieben und gesprochen in der Katakombe,
mußte später aus dem Programm entfernt werden)*

Ein königliches Erlebnis (1934)

Es soll Menschen geben, denen wird alles zu Gold, was sie angreifen; das sind Glücksvögel. Und es soll Menschen geben, die können nichts angreifen, ohne dabei hereinzufallen; das sind Pechvögel. *Und dann gibt es noch Menschen, die alles angreifen können,* nur nicht den König. Das sind Engländer.

Der König erfreut sich einer grenzenlosen Beliebtheit. Wie gern wär ich Krönzeuge gewesen. Das scheiterte aber an meinem Unvermögen. Ich schleppe zwar seit langer Zeit an die hundertsechzig Pfund mit mir herum, doch sind diese nur eine Waage-Behauptung.

Ich habe mich schon im Geiste unter der zujubelnden Menge gesehen: wie mich der König plötzlich unter seinem Volke erblickt, wie er den Krönungswagen halten läßt, wie er nun tatsächlich auf mich zukommt und sagt: „God save the Finck!" Selbst im Hydepark, wo doch jeder reden kann, was er will, wird die Person des Königs respektiert. Trotzdem soll sich kürzlich ein merkwürdiger Apostel des Anarchismus so weit in seiner Raserei gegen die bestehende Weltordnung verstiegen haben, daß er das umstehende Publikum aufforderte, unverzüglich zum Buckinghampalast zu ziehen und ihn anzuzünden. Daraufhin formierte man sich zu einem Zuge, aber gerade, als er sich in Bewegung setzen will, stellt sich ein Bobby, der alles ruhig mit angehört hatte, davor und sagt: „Bevor Sie weitergehen, meine Herrschaften – wer den Buckinghampalast anzünden will, links raustreten."

Nun wird sich mancher vielleicht im stillen wünschen, es möchte der Hydepark oder besser der Redefreihydepark bei uns Nachahmung finden, so etwa, daß aus dem Berliner

Tiergarten ein Diskutiergarten entstünde. Dazu ist aber zu bemerken, daß großzügige Einrichtungen bei uns zulande vom Publikum allzu leicht in ihrem Sinne mißbraucht und damit zum Gegenteil ihres Zweckes werden. Würde wohl ein britischer Untertan je auf die Idee gekommen sein, seine Kinder mitten auf der Bundesautobahn Kreisel spielen zu lassen, was bei uns zum Faktum geworden ist?

Ihr seht, eines schickt sich nicht für alle. Und ehe nicht einmal der Spruch befolgt werden kann: „Bürger, schützt eure Anlagen", wird die umgekehrte Parole des Hydeparks nicht in Erfüllung gehen können: „Anlagen, schützt eure Bürger!"

Verdunkelungsübung (1938)

Meinen Enkeln werde ich es so erzählen: Es begab sich aber zu der Zeit, daß ein Gebot ausging, daß alles verdunkelt würde. Und diese Schützung war die erste von diesen Ausmaßen, und sie währte drei Tage und drei Nächte.

Und ein jeglicher ging, damit er es einmal erlebe, ein jeglicher durch die Stadt.

Denn kaum war das Gebot ausgegangen, so taten es die Lichter auch, und eine Finsternis breitete sich aus zwischen den Häusern. Und die Züge der sonst so freundlichen Eisenbahn verfinsterten sich ob dieser Übungen. Und es war da kein Auto, das nicht eine Schwarzfahrt unternahm.

Allein der Mond leuchtete einsam auf weiter Flur, und denkt euch, er, den sie sonst immer belächelten, jetzt wurde er für voll genommen. Er schien, nein, er schien noch von keiner Verdunkelung zu wissen. Es waren aber Flieger in der Nähe, irdische Heerscharen mit himmlischer Deckung, die sprachen also:

Auf zum fröhlichen Treffen, denn wahrlich, wir haben ein Geschäft, das noch etwas abwirft.

Da murrte das untere Volk, und etliche warfen Scheine nach ihnen.

Und ein Lärm erfüllte die Luft, und es brauste dahin und daher. Ja, es war wie am Morgen.

Denn am Morgen des ersten Tages hub ein Heulen an in der ganzen Stadt, aber kein Zähneklappern. Denn es wußte ein jeglicher, daß er geschützet wurde von den Geschützen. Und wo ein Wille ist, da ist auch ein Keller. Und die Straßen und Plätze sprachen also: Diese Warnung soll uns eine Leere sein.

So vergingen drei Tage und drei Nächte.

Am vierten Tage aber war wieder alles wie zuvor. Einem jeglichen ging jetzt ein Licht auf, ohne daß er es hätte unter den Scheffel stellen müssen. Als man aber den Schaden besehen wollte: Siehe, da war keiner. Nichts war ernsthaft getroffen worden, außer ein paar Vorkehrungen.

Fürstlicher Empfang

Ein indischer Fürst weilt in Berlin: Wenn wir nicht wüßten, daß es ein weltbekannter Fürst ist, so würden wir doch allein schon aus der Tatsache, daß er weilt, seine Bedeutung herausspüren. Weilen können nur die Großen dieser Erde. Ihres Weilens ist auch immer nur für kurze Zeit. Denn wenn sie lang weilen würden, verlören sie an Nimbus. So sei gegrüßt, mein Fürst!

Wie gern würde ich einen solchen Herrn einmal in meinen Räumen empfangen. Gewiß, sie sind klein und meine privaten Mittel beschränkt, aber schließlich, mit Phantasie und Stilgefühl ließe sich schon etwas machen. Das Zeremoniell liegt schon fest.

Ich würde mein Heim natürlich zunächst einmal in eine Stätte verwandeln, in eine Heimstätte gewissermaßen. Zwei meiner Zimmer werde ich bei dieser Gelegenheit zu Gemächern ernennen. Was an Lampen vorhanden ist, wird im gegebenen Moment aufflammen. Darüber hinaus werde ich meinen lieben Besuch anstrahlen, wo immer er sich auch befindet. Bis zur Pforte werde ich ihm entgegeneilen. Nach einem Wortwechsel, der nicht wie bei ordinären Leuten heftig, sondern herzlich ausgetauscht wird, werden wir uns begeben. Vielleicht erst einmal in den Garten, vielleicht gleich ins Haus. Das wird sich finden. Wichtig ist nur, daß wir uns begeben. Allein auf weitem Flur wird unser Mariechen anwesend sein und ihm den Mantel abnehmen. Der Abnahme des Mantels werde ich beiwohnen. Für diesen Akt ist eine Minute vorgesehen. Alsdann findet eine Besichtigung der wichtigsten Innenräume statt mit anschließendem Balkon. Das Badezimmer wird auch gezeigt, aber nicht besichtigt. Im Speisezimmer haben indessen die wichtigsten Speisen Aufstellung genommen. Usw. usw. Nach dem formellen Teil wird uns ein geselliges Beisammensein noch bis in die späten Nachtstunden hinein fröhlich beisammensehen –

Sie sehen, an mir soll's nicht liegen.

Der Wind steht drauf (1936)

Der Winter ist es diesmal sehr.

Jahrelang war er eine weiße Attrappe. Diesmal dräute er. Und es muß doch nicht einmal Frühling werden; denn verpflichtet ist der ja erst ab einundzwanzigsten März. So herrschte er also unumschränkt. Unter Anwendung von Bronchialgewalt.

Die programmäßige Hörfolge dieses Winters ist der Husten; an diesem Husten erkennen wir so recht, wie tief der Mensch ist. Aber auch, daß das Laute nicht immer das Erfolgreichste sein muß. Denn fragt den leidenschaftlichen Huster, den Briketthuster von Ausmaßen, was zu guter Letzt bei seinen gewaltigen Anstrengungen herauskommt, so wird er euch mit dem letzten Atemstoß, den er noch zur Verfügung hat, zuflüstern: „Leider, wieder nichts!" Das tollste aber war der eisige Ostwind. Überall, wo es kalt war, sagten die Leute: „Es ist sonst wirklich warm. Aber der Wind steht drauf!"

Dieser Wind war anarchischer Herkunft. Er hielt sich an keine Gesetze, weder an die der Wärmetheorie noch an die der Baukunst. Er pfiff auf alles. Nord-Fern-Ost. *Ganz Europa ist demzufolge heute stark verschnupft.*

Zudem war eine außerordentliche Schwurperiode angebrochen, denn jeder schwur in diesen eisigen Tagen auf sein Mittel. Der eine auf Infludo, der zweite auf wollene Unterwäsche, der vierte auf Eisbäder mit einem Schuß Arrak.

Als Kind ging ich bei solcher Temperatur mit hochgeklapptem Mantelkragen und vor den Mund gehaltenem Tuch. Welch eine Verweichlichung! *Ich bin ein Gegner der Theorie des Mundzuhaltens geworden!* Das ist etwas für Memmen und alte Weiber. *Und wer die Nase voll hat,* soll um so freier durch den Kehlkopf atmen. Die Natur macht nichts Unnützes. Wenn sie die Einrichtung des Katarrhs schuf, so wird das schon seinen Zweck haben. *Laßt uns also allem, auch dem schärfsten Wind, mit offener Brust entgegentreten.*

Der Reitz der Gymnastik (1936)

„Ihr Geist ist willig", schrieb mir ein Sportlehrer aus heiterm Himmel, „über das andere möchte ich mit Ihnen einmal Rücksprache nehmen."

Meine Ablehnung lag klar auf der Hand, die er mir reichen wollte. Aber er ließ sich nicht abweisen. „Sie brauchen mich nur zu bestellen", sagte er. Ich bestellte ihn wie ein Landmann seinen Acker: so früh wie möglich. Er kam, und wir fingen an.

„Erst einmal gerade stehen", sagte er „Für wen?" fragte ich mißtrauisch, aber da wurde er schon ungeduldig *„Nehmen Sie Haltung an."* Nicht, daß ich die Annahme verweigert hätte, aber *ich hätte alles andere eher von mir angenommen, als daß ich keine Haltung hätte.*

„Haltung ist das erste, was ich verlange", sagte er. Eigentlich sympathisch, dachte ich, während er daran ging, die Stellung der Füße zu korrigieren; das war zunächst alles, was er ausrichten konnte. *„Ist meine Haltung denn gar so unbrauchbar?"* fragte ich ihn, als wir fertig waren. „Für viele ja", antwortete er, *„vielen ist Ihre Haltung ein Dorn im Auge"* – allen sportlich Geschulten jedenfalls."

Es ging weiter. „Atmen Sie kräftig aus!" Pff, machte ich, dann rang ich heftig nach Luft. Pffffffffffffffffff, machte er und es mir vor. Und da wurde mir klar, daß nicht einmal die Luft gerecht verteilt ist in der Welt. Wieviel konnte so einer einatmen und wie wenig ich!

Mein ganzer Körper erwies sich als verkrampft und viel zu fest. Er stellte uns Rücken an Rücken und hieß mich, meine Arme durch seine zu stecken. Dann bückte er sich blitzschnell und zog mich über seinen Kopf wie ein Sackträger einen Sack. Ich wußte nicht mehr, ob ich über ihm oder ob er mir über war. In dieser Stellung federte er mich einigemal auf und ab und ließ sich auf kein Gespräch mehr ein. Dann ließ er mich wie einen Sack wieder auf die Erde fallen, und ich sackte zusammen.

„Pause", sagte eine Stimme aus dem Himmel. „Die Pause wollen wir zu Entspannungsübungen benutzen. Sehen Sie, so." Er baute sich vor mich hin, knickte im Kreuz zusammen und legte den Kopf entspannt auf den Fußboden.

Ich ließ den Kopf auch hängen. Aber im Gegensatz zu ihm sehr gespannt, wie lange ich diese Pferdekur wohl aushalten würde.

Vier Monate sind inzwischen, aber die Lust an dieser eigenartigen Erholung ist mir noch immer nicht vergangen. Dieser Mann, der (das ist nun, bitte, keine meiner spielerischen Erfindungen) der Reitz heißt – woraufich ihm den Briefbogenkopf schenke: Beireitz sein ist alles –, dieser Mann hat trotz seines stabilen Körpers eine überaus zarte Seele: Denn denken Sie, neulich, als er wieder einmal den Kopf weit nach hinten gelegt und dort minutenlang hin und her gerollt hatte, wurde er über und über rot wie ein junges Mädchen.

Silvesterrede 1937

Noch ein kurzes, und das Jahr geht. Es geht, meine Lieben; wenn man will, geht alles. – Es geht aber nicht – bei gedämpfter Trommel Klang, es geht ums Ganze. Das Ganze halt! Es hallt von den Bergen und schallt durch die Täler, und einer ruft es dem andern zu: Prost Neujahr!

Was muß das für ein Jahr gewesen sein, daß ihr das neue kaum erwarten könnt! Aber wartet nur, zum nächsten Silvester wird es diesem Jahr genauso ergehen. Undankbare Welt!

Dabei war dieses Jahr gar nicht so übel, wie einem werden kann, wenn man bedenkt, was die Welt daraus gemacht hat. Hierzulande zeigte das alte Jahr ein turnerisches Gepräge, und von allen Übungen erzielte der Aufschwung den größten Beifall. Im Ausland zeigte sich eine starke Tendenz zu kriegerischen Verwicklungen.

Es knallt und schreit bereits. Aber noch ist es nicht zwölleff. Laßt euch durch die Schreier nicht aus der Ruhe bringen! Es fehlen noch etliche Sekunden.

Einundzwanzig – zweiundzwanzig – dreiundzwanzig war die Inflation.

Nehmt die Gläser in die Hand, es ist gleich so weit, wie wir es gebracht haben.

Zur Sache, meine Lieben: Wir haben wieder ein Jahr zurückgelegt. Für manche wird es das einzige sein, was sie sich zurückgelegt haben. Denen ist nicht zu helfen. Möge euch meine Rede zum Proste gereichen.

Hört, es schlägt! Soll es schlagen! Soll es alle anderen Jahre schlagen an: Glück, Eintracht, Weisheit und Frieden. Prost Neujahr!

Zur Grippezeit zu lesen

Einen Gruß zuvor von Bett zu Bett: Auch ich liege fest! Sollte ein anachronistischer Leser dieser Betrachtungen noch nicht ans Bett gefesselt sein, oder schon nicht mehr, so wird er Belehrung finden, allen anderen soll Trost werden.

Grippe klingt volkstümlich, Influenza hat so etwas von einem italienischen Badeort. Ich würde gar nicht weiter verwundert sein, wenn mir jemand schriebe, gestern abend bin ich in Influenza angekommen.

Begann es eigentlich bei Ihnen auch mit einem Kratzen in der Brust? Es ist gut, wenn man seine Erfahrungen miteinander austauscht. Aus diesem Grunde wird Ihnen vielleicht folgende alte Bauernregel etwas sagen, die ich mir einmal ausgedacht habe (hier spricht der Schelm!). Leider bin ich bisher noch nicht dazu gekommen, sie zu reimen. Sie lautet also: Wenn es dich jückt, wo du nicht kratzen kannst, dann ist Gefahr im Verzuge.

Ich ließ zu einem Arzt schicken. Er kam. Es beruhigte mich sehr, daß er mich noch klar erkannte. Das soll ein gutes Zeichen sein. Dagegen verdroß mich das despektierliche Wesen meiner nächsten Ungehörigen, die absolut heiter umherstanden, statt eine bekümmerte Miene zu zeigen. Nach einer kurzen Begrüßung hieß ich den Doktor an mein Lager treten. Lager klingt in solchen Fällen besser als Bett. Ich wurde beklopft und behorcht. Man gewöhnt sich daran. Ich habe nichts zu verbergen. Zum Abhorchen benutzte er einen sinnreich konstruierten Schlauch. Er ganz Hörer, ich ganz Sender. Er vernahm aber nichts anderes als das Pausenzeichen des Herzens. Der Empfang war ungestört. Als er nirgends etwas hörte, hörte er auf.

„Ich kann nichts finden", sagte er. „Dann geben Sie das

Ding mir einmal", wollte ich gerade erwidern, da riß er mir auch schon den Mund auf und balancierte ein mit einer abscheulich schmeckenden Watte behaftetes Stäbchen in meine Rachenhöhle. Meine Stimmung war hin. Eine tiefe Bitternis beschlich mich in der Rachenhöhle.

„Es scheint mir, Sie haben einen Äskulapsus begangen!" flüsterte ich, noch halb betäubt. Ob er deshalb beleidigt war, kann ich mit Bestimmtheit nicht sagen. Jedenfalls verschrieb er mir etwas, das ich später einnehmen mußte. Ich vernahm es und dachte an nichts Böses. Als es dann aber wirkte und immer wieder wirkte und mehr wirkte, als meine Schulweisheit sich jemals hätte träumen lassen, kam mir der Verdacht, daß er mir doch böse gewesen ist . . .

Aber, heureka, das Fieber ist im Sinken, die Bakterien sind auf der Flucht. In völliger Auflösung und Unordnung. Wollen wir uns nun gegenseitig Besserung wünschen! Mit Bedacht vermeide ich die Bezeichnung „gute Besserung", „denn", so schrieb mir gestern jemand, „schlechte Besserung gibt es ja nicht".

Was jeder hören kann

Es war eine große Gesellschaft. Jemand erzählte lebhaft einen guten Witz – ein anderer wußte auch einen. *„Meine Herrschaften, das Fenster ist offen"*, sagte ich, *„und wir reden sehr laut, vielleicht ist es besser, wenn wir es zumachen."* „Wenn ich ganz offen sein soll", wollte das Fenster in diesem Moment sagen und sich in die Unterhaltung einmischen – aber es knarrte nur, denn die Fenster können ja nicht reden. *(Wände können sich schon mehr in menschliche*

Unterhaltungen mischen, denn sie haben wenigstens Ohren.)

„Es ist eigentlich schade, jetzt schon zuzumachen", sagte die Hausfrau, „es ist eine so selten milde Luft draußen." „Ja, wirklich", pflichtete ihr ein anderer bei, „es wäre schade. Außderdem kann das doch jeder hören, was wir uns hier erzählen." *„Eben deshalb,"* sagte ich, „wollte ich das Fenster schließen, denn die meisten liegen schon im Bett, und wenn wir uns hier so laut unterhalten, stören wir sie."

„Ich dachte vorhin, Sie meinten etwas anderes, als Sie das Fenster schließen wollten", sagte hernach eine Dame in Grün, indem sie sich neben mich setzte und mich ermunternd anlächelte.

„Ich weiß nicht, wie ich das verstehen soll", entmunterte ich sie.

„Sie denken doch sicher genau wie ich."

„Schon möglich", sagte ich. „Wie denken Sie denn?"

„Trinken wir darauf", sagte sie, „stoßen wir an."

Ich tat es. Zögernd, weil ich nirgends gerne anstoße.

„Ich lese regelmäßig Ihre Glossen", fuhr sie fort, nachdem sie das Glas wieder hingestellt hatte. „Ich verfolge sie regelmäßig mit großem Interesse. Es muß schwer sein, Woche für Woche, ganz gleich, ob Sie nun in Stimmung sind oder nicht."

„Gewiß," erwiderte ich, *es ist auch schwer, Woche für Woche,* ganz gleich, ob ich nun schreibe oder nicht."

„Sehr interessant, manchmal sind Sie *geradezu* . . ."

„Das sind dann die weniger gelungenen", sagte ich, „denn *geradezu* ist gleichbedeutend mit derb. Und derb darf eine Glosse niemals sein."

Jetzt trat eine Pause ein, blieb aber an der Tür stehen, so daß sie keiner bemerkte.

„Um auf unser Gespräch vorhin zurückzukommen", nahm ich den Faden wieder auf. *„Wir werden den kürzeren ziehen."*

„Meinen Sie?" fragte sie.

„Doch, die meisten fürchten sich nämlich vor Zug, und deshalb schließen sie die Fenster so oft wie möglich. *Wenn Sie und ich auch anders darüber denken, dann sind wir wohl in der Minderheit."*

Im Hintergrund ging der Hausherr auf das Fenster zu, um es zu schließen. In dem Moment fiel es aber von selbst zu. *Es hatte irgendwie Wind bekommen.*

Die Dame verließ mich ziemlich rasch, sie schien enttäuscht zu sein. Wenn zwei dasselbe denken, so ist es nicht dasselbe. Schrecklich, immer verfolgt zu werden! „Nichts für ungut", rief ich ihr nach, und „pfröhliche Fincksten."

...und dann wie im August

Hurra!

Mich hat noch nichts so sehr gewundert
wie dieser Krieg, doch immerhin,
er spielt nun mal in dem Jahrhundert,
dem ich als Mensch verpflichtet bin.

Nie fühlte ich mich so geborgen,
nie so geschützt wie hier im Feld,
ich brauche mich um nichts zu sorgen,
sogar der Feind wird mir gestellt.

Es brummt und rommelt hoch im Äther,
Sieh da: Ein ganzes Regiment!
Der kühne Wunschtraum unsrer Väter,
da zieht er hin am Firmament.

Was soll da aus den Feinden werden,
die halten dem bestimmt nicht stand,
und Platz wird wieder auf der Erden,
Grüß Gott! Tritt ein, mein Vaterland!

Der Posten (im Osten 1941)
Meinem Sohn Hans Werner gewidmet

Auf und ab und hin und wieder
Zieht er die befohlne Strecke;
Und der Regen regnet nieder
Und vermählt sich mit dem Drecke.

Und es regnet immer stärker,
Und die Dunkelheit wird dicker.
Wie in einem feuchten Kerker
Steckt der Stiefel in dem Schlicker.

Während wie ein Krem der Lehm sich
Auf die Stiefel überträgt,
Denkt er lächelnd, wie bequem sich
Jetzt die Heimat schlafenlegt.

Und er bleibt versunken stehen,
Teils im Schlamme, teils im Denken.
Kleinstes aller Wachvergehen,
Sich in Träume zu versenken.

Wie vom Feinde losgebunden,
Tobt ein Schneesturm jetzt aus Osten.
Weiter zieht er seine Runden.
Sieh, mein Sohn: Das ist ein Posten.

Nacht im Massenquartier

Der Nasenwind vom Nachbarsmann
Bläst mich mit Stärke sieben an.
Ich schlafe nicht!
Ich wälz mich 180 Grad,
Da bläst der andre Kamerad
Mir ins Gesicht.

Es fangen fünfundvierzig Mann
Zu schnarchen und zu schnurcheln an,
Und einer schreit:
Schlag zu, bis er zusammenbricht!
Fahl zuckt und flimmert das Gesicht
Der Dunkelheit.

Die Luft kann weder raus noch rein.
Du stößt sie aus – ich zieh sie ein.
Horch da, es kräht,
Es war der erste Hahnenschrei.
So geht auch diese Nacht vorbei.
Kamerad, wie spät?

Zellenzeilen (1943)

Die Schritte

Die Schritte des Postens draußen vor der Zellentür
Sind die einzigen Schritte,
Die für mich unternommen werden.

Unser täglich Brot

Das Essen hier ist das einer gutbürgerlichen Familie,
Die ohne Schuld in tiefe Not geraten ist.

Die Ruhe

Tief innen liegt ein Schrei in meiner Brust,
Ich könnte über ihn verfügen,
Es wär mir eine große Lust
Und ein gewaltiges Vergnügen,
Doch wag ich's nicht, ihn zu befreien,
Und trag ihn lieber weiterhin als Bürde.
Ich fürchte, daß er, ausgestoßen, weiterschreien
Und ewig weiterschreiend meine Ruhe stören würde.

Brief aus Rußland (1942)

Ihr Freunde, die Ihr Post von mir erwartet:
Erspart sie mir,
Es hat sich ausgebrieft bei mir und abgekartet.
Ich sitze leer vor meinem leeren Schreibpapier.

Die sogenannten höheren Interessen,
Sie schweigen still.
Ich werde dieses Rußland nie vergessen,
Wie ich es auch mit Macht vergessen will.

Kann der noch etwas Beßres schreiben,
Der dieses schreibt:
Ich möchte Euren Herzen so verbunden bleiben,
Wie Ihr dem meinigen verbunden bleibt.

Der Rest ist Schweigen. Sagt Euch das nicht alles?
Lebt herzlich wohl!
Und sendet mir gegebenenfalles
Statt Briefumschläge – Alkohol.

II. Fassung des letzten Verses:

Der Rest ist Schweigen. Denkt es selbst zu Ende.
Lebt herzlich wohl!
Postscriptum: Es gibt Widerstände,
Die bricht der Sprit allein – der Alkohol.

An meinen Sohn Hans Werner (1943)

Du brauchst dich deines Vaters nicht zu schämen,
Mein Sohn.
Und wenn sie dich einmal beiseite nehmen
Und dann auf mancherlei zu sprechen kämen,
Sei stolz, mein Sohn.

Sie haben deinem Vater reichlich zugesetzt,
Mein Sohn.
Ihn ein- und ausgesperrt und abgesetzt,
Sie haben manchen Hund auf ihn gehetzt –
Paß auf, mein Sohn!

Dein Vater hat gestohlen nicht und nicht betrogen,
Er ist nur gern mit Pfeil und Bogen
Als Freischütz auf die Phrasenjagd gezogen –
Und so, mein Sohn,

Kannst du den Leuten ruhig in die Augen gucken,
Mein Sohn.
Brauchst, wenn sie fragen, nicht zusammenzucken.
Ich ließ mir ungern in die Suppe spucken,
Das war's, mein Sohn.

Wie vieles hat der Wind nun schon verweht,
Mein Sohn.
Der Wind, nach dem ich mich noch nie gedreht –
Daß dir mein Name einmal nicht im Wege steht,
Geb Gott, mein Sohn.

Grüße aus einem römischen Lazarett
An Friedrich Luft

Grüße aus dem Lazarett!
Aber leider hat es sich schon rumgesprochen:
Nicht der Gegner warf mich auf das Bett,
Sondern ein privat gebrochner Knochen.

Einer Treppe spitze Marmorklippe
Zwang mein Gehwerk tückisch auf die Knie.
Eine Bruchsekunde stand das Ringen auf der Kippe;
Doch dann kam das glatte eins zu null für sie.

Kurz, ich rutschte wieder einmal aus in diesen Tagen.
Bitte, sagt das meinen Freunden allen.
Sollten aber meine Gegner nach mir fragen –
Laßt es offen – sagt, er ist in Rom gefallen!

Surrealistischer Vierzeiler

Gestern trat ein Fräulein an mein Bette
Und behauptete, die Märchenfee zu sein,
Und sie fragte mich, ob ich drei Wünsche hätte,
Und ich sagte, um sie reinzulegen: nein!

Bestandsaufnahme (1944)

Hei lewet noch, der alte Finck,
Trotz Bombenkrieg und Plagen,
Nur seine Hoffnung ist gering,
Um nicht gleich Null zu sagen.

Es raste die verdammte Zeit
Mit uns ins Bodenlose.
Die selige Vergangenheit
Ward Gegenwarts-Psychose.

Und leise rieselt schon der Kalk,
Den Körper abzuwracken.
Voll Wehmut sitzt der müde Schalk
In dem gebeugten Nacken.

So muß sich denn der alte Finck
Beständig neu erproben.
Nun, wenn's mit Gott nach unten ging,
Geht's auch mit Gott nach oben.

Silvester 1944

Soll ich euch zum neuen Jahr,
Soll ich gratulieren?
Laufe ich da nicht Gefahr,
Mich (bedenkt, wie's letztlich war)
Wieder zu blamieren?

Waren es nicht, Jahr für Jahr,
Ausgesprochne Nieten?
Ach, sie konnten uns sogar
Gar nichts andres als Gefahr
Und Entbehrung bieten.

Woll'n wir nicht mal stur und stumm
Unser Jahr empfangen?
Als enttäuschtes Publikum
Wird der Spielplan uns zu dumm.
Wir verlangen:

Wechsel vom Gesamtprogramm!
Neue Walzen rein!
Und dann woll'n wir wieder stramm
Und wie einstmals all zusamm':
Prosit Neujahr! schrein.

Beim Ziegelputzen zu singen

Wer hat dich, mein Vaterland,
Abgewrackt bis zum Verschrotten?
Ach, es rosten nur Klamotten,
Wo die schönste Heimat stand!

Deutscher Ruhm und deutscher Klang,
Deutscher Glaube, deutsche Treue ...
Alles hin. Es geht die Reue
Einsam auf den Stimmenfang.

Alle Habe, alles Geld
Ging mit diesem Krieg zu Ende.
Wer's noch hat, reibt sich die Hände,
Die er früher steil gestellt.

Leergebrannt liegt Stadt für Stadt.
Welche Hausse in Ruinen!
Aber was wir dran verdienen,
Ist die Schuld, die keiner hat.

Gedanken zum Nachdenken
(August 1945)

Heil! Heil! Heil!

Ironie des Schicksals, daß gerade in diesem Lande am wenigsten heil geblieben ist.

Laßt Kenner sprechen:

Es gibt wahrscheinlich nur zwei Mittel, Deutschland zur Vernunft zu bringen: Man rottet es aus, oder aber man behandelt es vernünftig.

Die nationalsozialistische Idee ginge bei der ersten Methode wahrscheinlich, bei der zweiten mit Sicherheit zugrunde.

Der tragische Konflikt

Gelegentlich der Eröffnung des kleinen Weltkrieges sprach Kaiser Wilhelm II. das große Wort: „Ich kenne keine Parteien mehr, ich kenne nur noch Deutsche."

Das Wort ist zwar gefallen, aber es ist nicht durchgeführt worden. Das Wort: „Ich kenne keine Deutschen mehr, ich kenne nur noch die Partei" ist zwar nicht gefallen, aber durchgeführt worden, und zwar so gründlich, daß, wer diese Partei beseitigen wollte, sein Vaterland hätte mit beseitigen müssen.

Wer aber wollte sein Vaterland bekämpfen?

So sind diejenigen, die, um die Partei loszuwerden, die vereinte Kraft der Gegner herbeisehnten und – sie bekämpfen mußten, weil das Vaterland auf dem Spiel stand, in einen wahrhaft tragischen Konflikt geraten.

Das blinde Vertrauen

Ein Volk, ein Reich, ein Irrtum.

Ein europäisches Problem

Was einer dauernden Befriedung Europas am meisten im Wege steht, ist der engstirnige deutsche Nationalismus. Man verstopfe rücksichtslos seine Quelle: den Chauvinismus einiger seiner Nachbarn.

Das deutsche Problem

Michael Kohlhaas, dem man seinen berechtigten Anspruch vorenthielt und der dadurch zum Landverwüster, Raubbrenner und Mörder wurde, bis man ihn überwältigte und vor ein Gericht stellte, das ihn mit Recht zum Tode verurteilte: Hat diese deutsche Geschichte nicht Ähnlichkeit mit der deutschen Geschichte? In der Geschichte von Kohlhaas triumphiert das Recht! Kohlhaas verliert das Leben, das er verwirkt hat, denn er hat Gewalt vor Recht gehen lassen. Im gleichen Urteilsspruch wird aber auch seine Forderung voll anerkannt, denn sie bestand zu Recht.

Der wesentliche Unterschied

In der östlichen Demokratie schafft sich der Staat die Menschen, die er braucht; in der westlichen schaffen sich die Menschen den Staat, den sie brauchen.

Auflösung ist keine Lösung (1947)

Ich sehe Deutschland nicht als ein ganz kaputtes, sondern als ein kaputtes Ganzes. Seine Aufgabe kann nicht in seiner Aufgabe bestehen. Die vereinigten Zonen der Vereinigten Staaten und Großbritanniens mögen zwar eine Lösung sein, aber leider mehr eine des Westens vom Osten. Ex occidente luxus.

Das Schwert des Damokles

Am seidnen Faden hing ein Schwert,
Sich auf mein Haupt zu laden.
Glaubt ihr, daß mich das Schwert gestört?
Mich schreckte nur der Faden.

Störungssuche (Juli 1945)

Mit welcher Stelle unseres Vaterlandes wir auch verbunden werden möchten, aus allen Gebieten tönt es zurück: „Besetzt! Bitte, später rufen." Und keiner darf entgegnen: „Faßt euch kurz, nehmt Rücksicht auf die Wartenden."

Wie lange werden wir wohl warten müssen, bis man die Leitung wieder für uns freigibt? Und wenn wir wieder etwas zu sagen haben werden, werden wir uns dann etwas zu sagen haben? Und was? Grobheiten? Vorwürfe, Beschuldigungen? – Oder Gedanken?

Zur Zeit haben die andern allein das Wort, und was wir davon zu halten haben, wird den Letzten wohl klargeworden sein: Den Mund. (Wie gut, daß wir es so gründlich gelernt haben, das „Mund-Halten".) Wenn unser Aufsichtsrat nur nicht so bald dahinterkäme, mit welcher heimlichen Freude wir diesen Zwang genießen; er wäre sonst imstande, uns die volle Redefreiheit wiederzugeben.

Wo in aller Welt, die über uns zu Gericht sitzt, gibt es noch ein Volk, dem das Kommando: Stillgestanden! nicht nur in die Knochen fährt, was ganz in der Ordnung wäre, sondern auch in den Verstand.

Hallo, hallo! Hier ist das Lernamt. Denken Sie noch? Wird noch gedacht? Ich trenne.

Melde mich zurück (1945)

Unbeschreibliches Gefühl, nach so vielen Jahren wieder schreiben und widersprechen zu dürfen! Das heißt, schreiben durfte ich ja!

Ich meine das Schreiben als solches, das Schreiben an sich oder an mich oder auch an andere. Auch war es mir erlaubt, Gedichte, Romane, Theaterstücke, ja selbst staatsfeindliche Pamphlete zu schreiben. Aber ich durfte nichts veröffentlichen. Nein, nein, seit dem Jahre des Heils 1939 durfte nichts mehr von mir erscheinen; das war ausgeschlossen wie ich aus der Reichskulturkammer.

Je toter ich aber geschwiegen wurde, um so lebendiger wurden die Gerüchte um mich. Manche davon kann ich zur Freude, manche zur Betrübnis meiner Freunde berichtigen. So ist mein Tod sehr wahrscheinlich eine Erfindung. Genaueste Nachforschungen, die ich im eigensten Interesse betrieben habe, ergaben das Gegenteil. Ich bin also, denke ich. (Sum ergo cogito.)

Es trifft auch nicht zu, daß ich ein aktiver Gegner des dutzendjährigen Reiches war, sonst wäre es mir wahrscheinlich auch nicht mehr möglich, das Gerücht meines Todes zu dementieren. Der passive Widerstand hat mir schon Unannehmlichkeiten genug gebracht.

Auch sind viele der tollkühnen Witze, die über mich verbreitet wurden, nicht wahr oder mindestens stark übertrieben. Möglich, daß dieses Eingeständnis meiner Beliebtheit in gewissen Kreisen Abbruch tut, aber ich opfere den billigen Ruhm gerne, wenn ich der bei uns so unterernährten Wahrheit wieder etwas zu Ansehen verhelfen kann. (Oh, wieviel Blut- und Bodenschande ist mit ihr getrieben worden!)

War ich nun ein zaghafter Held? Oder ein mutiger Angsthase? Auf alle Fälle ging ich niemals weiter als bis zur äußersten Grenze des gerade noch Erlaubten. Hier aber zog ich über die Narrenkappe des wortkargen Scherzes noch die Tarnkappe der vielsagenden Pause: Das machte die Angriffsspitze unsichtbar. Gegen die sie gerichtet war, die merkten nichts. Erst das schadenfrohe Gelächter meiner Freunde, die damit, ohne es zu wollen, meine Feinde wurden, ließ sie stutzig werden. Nie war die Kunst der geschliffenen politischen Spitze lebensgefährlicher als damals, niemals aber auch so reizvoll. Deshalb hat mich auch das Nachdenken über meine Möglichkeiten in einem wahrhaft demokratischen Staate etwas beunruhigt. Denn wenn man wieder alles frei heraussagen kann, was man denkt, wenn der schwindelnde Abgrund unter dem Seil, darauf die Worte halsbrecherisch balancieren müssen, abgeschirmt durch das Sicherheitsnetz einer liberalen Gesetzgebung: wird dann einer der vielen noch zuschauen wollen, denen früher das gleichgeschaltete Hasenherz stehenblieb, wenn man die Balance zu verlieren schien?

Aber, Gott sei Dank dafür, die Entwicklung war gar nicht so ungünstig, wie ich gefürchtet hatte: Gibt es nicht auch jetzt noch genug, über das zu sprechen gefährlich ist, zum Beispiel das zu sagen, was im vorigen Satz gesagt wurde? Diese Frage ist ein Entfernungsmesser.

Wie das zu verstehen ist? So: Ich will wissen, wie weit wir uns schon von den Methoden der autoritären Regierung entfernt und wieviel wir bis zur Erreichung aller demokratischen Rechte noch zurückzulegen haben. Wird nun die oben schüchtern gestellte Frage aus diesem meinem ersten Nachkriegsartikel entfernt, so stehen wir der Vergangenheit noch beängstigend nahe. Läßt man sie aber: Könnte es dann eine charmantere Beweiserbringung geben, daß die neuen Mächte es mit unserer Freiheit ernster meinen als die alten?

Haben wir eigentlich noch Humor? lautete einmal eine selbstmörderische Umfrage des „Berliner Tageblatt":

„Doch, doch, wir haben. Oder wen meinen Sie mit wir? Wenn Sie uns meinen, unter uns haben wir Humor. Aber ob die über uns auch Humor haben?" Durch diese Antwort kamen meine endgültigen Verbote ins Rollen. Haben wir eigentlich schon das Recht der freien Meinungsäußerung? Ja? Nein? Nicht zutreffend? Und was kommt durch diese Frage ins Rollen?

Ich habe schon lange nicht mehr soviel gefragt. Wahrscheinlich bin ich angesteckt.

Ja, ja, der Bürger trägt jetzt wieder die ganze allgemeine Beantwortung für das Wohl und Wehe des Staates. Seine Zeit ist wieder voll ausgefüllt wie der Fragebogen, der sie ihm wegnimmt.

Ich aber, der Fragwürdigste aller überhaupt in Frage kommenden Kommenden, kann gar nicht genug Formulare erhaschen: Selbst noch in dieser Formulierung bleibt es ein unbeschreibliches Gefühl: wieder schreiben und widersprechen zu dürfen!

Silvesterrede 1945

Ein Jahr ist wieder einmal unterm Hammer: „Tausendneunhundertfünfundvierzig zum ersten ..." Keiner bietet mit. „Zum zweiten – und zum ..." „Neunzehnhundertsechsundvierzig!" ruft endlich einer. Und dann alle: „Neunzehnhundertsechsundvierzig!"

Können wir Deutschen diesem fünfundvierzigsten Produkt des zwanzigsten Jahrhunderts eine Träne nachweinen? Nein, denn wir haben keine mehr.

Mit diesem Jahre, meine lieben Freunde, geht ja so sehr

viel mehr zu Ende als ein Jahr. (Wer rief da eben: Unsere Vorräte? Die gehen wohl erst im nächsten zu Ende.) Ich wollte sagen, nicht ein Jahr allein, sondern zweimal sechs Jahre sind abgelaufen. Sechs Jahre Frieden! (Ah, man hat vergessen, Denkmäler zu errichten für die Gar-nicht-genug-Krieger dieser Friedensjahre, Kriecherdenkmäler ...) Und sechs Jahre Krieg. Gegen Europa sind wir damals ausgezogen, für Europa werden wir jetzt ausgezogen.

Am Anfang dieses Jahres waren wir noch reich. Ich buchstabiere jenes Reich; R wie Ruhmsucht, E wie Eitelkeit, I wie Irrtum, C wie Cäsarenwahn, H wie Heroeninflation. Jetzt am Ende sind wir das Gegenteil von reich. Es ist längst Wirklichkeit geworden, was vor ein paar Jahren als Flüsterwitz kursierte: Daß ein Optimist gesagt: „Nach dem Kriege werden wir alle betteln gehen", und ein Pessimist geantwortet hätte: „Bei wem denn?" O du traurige, o du armselige, schadenbringende Nachkriegszeit.

Unser Schicksal steht auf der Kippe, und vielen wird die Kippe zum Schicksal. Und wenn sie nur zu einem Zuge reicht, so ist das gleich ein Luxuszug, der durch die Lunge fährt wie durch die Riviera.

Alles stockt. Unser Absatzmarkt ist hin. Das einzige, was noch laufend abgesetzt wird, sind Pgs. Aber deren Devisen sind nun nichts mehr wert. (Wir kapitulieren nie! Der Sieg ist unser! Sieg oder Tod!) Nur die Schieber kommen voran, und nichts ist sicher vor ihnen. (Wollte man nicht sogar die Wahlen verschieben?) Wie will man da Schulden bezahlen? Die Optimisten in Reinkultur singen zwar: „Es geht Dalles vorüber, es geht Dalles vorbei." Aber die Pessimisten singen: „Wien, Wien, nur du allein, willst einen Siebzigmilliardenschein." – O jeggerl, das Weaner Herz schlägt eisern zu. Wir sollen's wieder golden machen. Wenn uns dieser Phantasiepreis nur damals schon gesagt worden wäre – wahrhaftig, wir hätten ihnen ihren starken Mann aus Braunau bestimmt nicht abgenommen!

„Aber wir kommen schon wieder hoch", sagte der Kapitän des gestrandeten Luftschiffs, als es explodierte. „Es wird schon gehen", sagte der Draufgänger und ging drauf. „Das Leben ist der Güter höchstes nicht", sagte Schiller. Über das Leben der Güter aber sagte er nichts. Es ist kurz wie die Gedanken einiger Bodenreformer. (Sagte ich „einiger"?) Nein, einige sind sie sich nicht. Die einen denken an morgen, die andern an übermorgen.

Es wird noch manches Kopfzerbrechen geben über diese Frage, und wir Teutonen sind nun mal daran gewöhnt, eher einander die Schädel als einen vernünftigen Weg einzuschlagen.

Nun kommen sie auch schon wieder mit Ränken und Listen. Hie Föderalisten, hie Zentralisten. (Im Hintergrund mit Blechbrust und Schienen erscheinen Guelfen und Gibellinen.)

Wollen wir nicht noch rasch ein Silvesterspielchen machen? Ich schlage das Echospiel vor vom „Bürgermeister von Wesel".

Alter Scherz wird wieder jung. Mach doch mal einer die Türe auf zu diesem langen Gewölbe. Und jetzt rufen wir: „Wesel!"

(Habt ihr's gehört: „Esel".) Nunmehr soll uns dieses Echo ein paar Fragen beantworten:

„Was könnte uns ein Zentner Zigaretten?" (Hört ihr's? „Retten.")

„Was wäre Deutschland heute ohne Rosenberg und Streicher?" („Reicher.")

Aber still, lärmt es nicht schon draußen? Wieviel ist jetzt

die Uhr? Verzeihung, ich vergaß – wir haben ja kaum noch welche. Früher gingen uns allenfalls die Uhren nach, jetzt gehen wir allenfalls den Uhren nach. Ei, so müssen wir eben aufpassen, was die Glocke geschlagen hat. Läuten sie nicht schon? Nein. Dann ist noch Zeit für eine kurze innere Sammlung. Endlich wieder einmal eine Sammlung, die restlos dem Friedenswerk zugeführt werden kann. Seid ihr gesammelt? So lasset uns deklinieren: „Der Mut, des Mutes, Demut." So schnell und leicht wandelt sich das Glanzstück des Heldenstücks zum Hauptstück des Christentums, wenn der Humor die Beugung des Mutes vornimmt. Mit Demut wollen wir uns – fast hätte ich gesagt: erheben. Das ist aber hierzulande ein zu gefährliches Stichwort für unsere Massen. Laßt uns also lieber sanft aufstehen von unseren bescheidenen Plätzen und unsere Bezugsscheine feierlich in die Hand nehmen, unsere Berechtigungsscheine für ein Sektglas. Noch nie waren wir so vorbereitet, das neugeborene Jüngste des alten Chronos trockenzulegen, ja trocken wie Henkell.

(Wein, Wein, nur du allein, brächtest uns selig ins Neujahr hinein.)

Das Alte stürzt, und neues Leben – wollen wir hoffen. Aber wenn wir Pech haben, blühen uns neue Ruinen.

Hört, liebe Freunde, sie rufen es jetzt aus, das neue Jahr. Die Toren johlen und heulen. Die Weisen lächeln und zittern.

Sei gegrüßt 1946! (Du hast eine angenehme Lizenznummer. Mit einer geraden Quersumme. Deine Vorderbeine ergeben eine Zehn und deine Hinterbeine auch eine.)

Laß uns in Frieden! Wende unsere Not, gib uns neue Illusionen!

Du sollst leben: Neunzehnhundertsechsundvierzig! Wovon allerdings, das wissen Gott allein und der Kontrollrat.

Vom Untergang zum Übergang

(Aus meinem Tagebuch 1949)

Verdrucktes

Das letzte Mal sind meine Zeilen leider das Opfer verhängnisvoller Hörfehler der fernmündlichen Aufnahmestelle geworden (es tat einige Male richtiggehend weh).

Durch Druckfehler entstellte Texte eines seriösen Autors verlieren leicht ihren Sinn und kommen dem Leser dann komisch vor. Das Schlimmste, was einem seriösen Autor passieren kann.

Bei den jokosen Autoren geschieht aber im selben Falle genau das Gegenteil. Ihren Worten geht dann leicht der Unsinn verloren, und der Leser weiß nicht mehr, was er dann komisch finden soll. Das Schlimmste, was einem jokosen Autor passieren kann.

Unsinn hervorbringen ist gar nicht so einfach, wie der Laie sich das vorstellt. Politiker können es von Berufs wegen, es gehört gleichsam zu ihrem Handwerk. Ich meine auch mehr den bewußten Unsinn.

Schriftsteller und Schriftsetzer führen, wenn es um intellektuellen Unsinn geht, einen kalten Kleinkrieg miteinander. Eine Rundfinck-Sendung beispielsweise würde ein halbwegs gebildeter Setzer zunächst einmal stillschweigend korrigieren. Hat er aber Sinn für Unsinn, der hierzulande sehr selten ist, so wird er bald begreifen. Einer ist kürzlich schon so weit gegangen, daß er ein ernsthaftes Wort von mir stillschweigend ins Komische hinüberkorrigierte.

Ich hatte von der schwierigen Lage gesprochen, in welche die ausländische Propaganda durch die konsequente Haltung der Westberliner Eisenbahner geraten war. Und er hatte das „a" der Lage durch ein „ü" ersetzt.

Glücklicherweise ist es den meisten Lesern nicht als falsch erschienen.

Man wird jetzt begreifen, wenn ich das Wort „Wostmächte" vor einer Korrektur zu schützen versuche, indem ich die fernmündliche Aufnahme, den Setzer und auch den Leser darauf aufmerksam mache, daß es sich um keinen Irrtum meinerseits handelt.

Wostmächte ist eine Zusammenziehung von West- und Ostmächte. So ein Wort tut einem weh. Ich weiß, aber genauso hat sich's über unseren Häuptern zusammengezogen. Es gibt nur das wieder, was in Paris beschlossen worden ist. Nach den jahrelangen Auseinandersetzungen hat man sich jetzt wieder zusammengesetzt. In Berlin. Das Reden bringt uns nicht vorwärts. Es muß gehandelt werden.

Wir Deutschen sollten endlich einsehen, daß man nur unser Bestes will. Soweit man es sich nicht schon selbst geholt hat.

Das ist der Weg zur Pax, zum Frieden. Der Frieden dieser Pax. Pax schlägt sich und verträgt sich. Friede den Hütten, Krieg den Palästen.

Neulich hat ein hoher Beamter eine fulminante Rede gehalten. Gegen die Demontage.

Sie hat unerhört gewirkt. Auch bei Bevin blieb sie unerhört. Was bleibt uns also übrig, als uns weiter in Geduld zu fassen? Nehmen wir uns auch hierin ein Beispiel an den tapferen Berlinern. Sie haben lange genug den Beifall der ganzen Welt verdient. Jetzt wollen die anderen auch wieder einmal verdienen. Und um dieser Entwicklung nicht im Wege zu stehen, müssen die Berliner wieder in den Hinter (nein, Fräulein, das Wort ist noch nicht zu Ende, nur bis zum r) in den Hintergrund getreten werden.

Ich werde aufgemöbelt

Seit ein paar Tagen bin ich umgezogen, aus der unpersönlichen Pension in einen Möbelspeicher.

Das soll nicht heißen, daß die Pension kein Möbelspeicher war (er war dort nur getarnt, als Pension).

Nun muß man sich nicht einen düsteren Speicher vorstellen, oh, gar nicht. Das Ganze macht viel eher den Eindruck einer Pension. Die abgestellten Möbelstücke sind wohnfertig aufgebaut mit allen dazugehörigen Requisiten: Kerzen in den Leuchtern, Büchern in den Bücherborden usw. Alles wertvoll und von ausgezeichnetem Geschmack.

Das Barocke überwiegt. Dort, wo mein Speicher die Form eines Schlafzimmers hat, steht eine Kommode, aber sie ist nur für das Auge eine solche; will man eine ihrer Schubladen öffnen, wird sie zu einem sehr unkommoden Stück.

Dennoch liebe ich sie. Ihre Konturen haben das Ausschweifende ihres Zeitalters festgehalten.

In einem Winkel steht ein Heiliger aufgespeichert, einer, der noch aus dem alten Holz geschnitzt ist.

Guter, alter Herr, denke ich, wenn ich an ihm vorübergehe, du brauchst dich nicht zu fürchten, exkommunistiziert zu werden. Du hast wohl den Ausdruck eines Engels, aber, zur Beruhigung des Vatikans, nicht den eines Marx.

Solches also ereignet sich in meiner neuen Speicherwohnung. Der nächste Schritt wäre die Einmietung in einer der Schaufenstereinrichtungen unserer großen Möbelgeschäfte, aber da hätte ich ja nun doch Hemmungen wegen der lästigen Passanten. So etwas hätte man im dutzendjährigen Reich machen können, auch in Ostzonien wäre es nur konsequent, denn man wird ja doch dort so oder so Tag und Nacht völkisch beobachtet. Hier aber schauen nur einige sehr alte Linden in die Fenster und erhöhen den sich immer mehr verstärkenden Eindruck, daß es sich um einen alten Herrensitz handelt und nicht um einen Speicher.

Mein schöner Schreibtisch war auch einmal ein Baum wie ihr da draußen, denkt es manchmal in mir. Nur nicht gar so Linde wie ihr, sondern knorriger, denn er war eine Eiche.

Und es berührt mich manchmal eigenartig, wenn ich das alte Holz mit frischen Blättern schmücke, freilich sind diese Blätter nicht grün, sondern holzfrei. (Hoffentlich wird das „eigenartig" eben nicht zu einem „eichenartig". Ein Sachse am Telefon, und schon wäre das Wort in Gefahr.)

Wer mich besucht, ist entzückt. Sein Schritt versinkt in den schweren Teppichen, er durchmustert die vielen großen Lagerräume. Vor besonders kostbaren Stücken bleibt er gebannt stehen.

Schließlich fragt er: „Was zahlst du hier eigentlich?"

„Dasselbe möchte ich dich fragen", antwortete ich dann. „Wieviel möchtest du anlegen für diese Zinnkanne zum Beispiel? Oder sieh hier den herrlichen Schrank: 2500 D-Mark. Soll ich ihn dir einpacken lassen?"

„Was ist darin?" fragte er kleinlaut.

„Der Wurm", sag' ich, „ist im Preis einbegriffen." (Wurm im antiken Holz gleich Stempel in Gold und Silber.)

Ab und zu kommt Herr Feyerabend, der Speicherherr, und erkundigt sich nach meinem Wohlergehen. Aber noch konnte ich nichts verkaufen. Ich hänge so sehr an den Sachen, die mir so gar nicht gehören.

Außerdem glaubt jeder natürlich, ich mache Spaß.

Herr Feyerabend hat vielleicht auch nur Spaß gemacht, jedenfalls ist er ein vorbildlicher Philosoph. Als er merkte, daß sein Laden nicht mehr so flott ging wie früher, hat er seine besten Sachen abgestellt. Die Herren Wahlpropagandisten könnten viel lernen von ihm. Ihr Geschäft geht wesentlich schlechter. Auch sie könnten so vieles abstellen. Aber wir sehen ja doch leider, wie alle ihre Ladenhüter immer weiter angeboten werden.

Unsere trojanische Pferdekur

Es ist an der Zeit, einmal jenen aus der Luft gegriffenen Gerüchten entgegenzutreten, wonach ich mit der Aufstellung einer Schwarzen Reichswehr beauftragt worden wäre. Ich habe lediglich einmal den Vorschlag gemacht, der neonationalistischen Bewegung den Wind aus den Segeln zu nehmen, indem man für die Wiederherstellung unserer Waffenehre eintritt. Hier wäre ein Sicherheitsventil von unschätzbarem Wert, aber dazu gehören dann eben auch Soldaten. 100 000 wird man uns ja nun, nach den gemachten Erfahrungen, niemals mehr zubilligen. Aber deren 12; wenn man uns 12 bewilligte; es geht, ja, wie gesagt, nicht um die Soldaten, sondern um die Ehre, die an ihnen hängt. Wenn wir 12 Soldatenuniformen wiederherstellen dürften, wäre auch die Ehre wiederhergestellt.

Die 12 Soldaten müßten dann aber auch voll bewaffnet werden, sonst wären es ja Hampelmänner. Die ganze Stahlquote für ihre Bewaffnung. Die Waffen können ja, damit nichts passiert, abends wieder eingesammelt werden. Und die 12 könnten ihren Dienst beim Sicherheitsrat tun, vielleicht braucht er sie ohnehin einmal.

Soweit ging mein Vorschlag.

Und ich würde ihn bestimmt bei allen Parteien durchbekommen. Außer natürlich – na, Sie wissen schon.

Aber nun kam ein alter Praktiker und machte mich auf folgendes aufmerksam:

Die 12 Soldaten – schön, sagte er.

Aber die werden ja nicht ewig leben, sagte er.

Einer oder der andere von ihnen wird ja mal sterben, auch ohne Krieg. Das kommt ja vor; und für solche Fälle muß ja Ersatz vorhanden sein.

Hören Sie das Trojanische Pferd wiehern? sagte er.

In jeder Stadt und in jedem Dörfchen Deutschlands wird man also bemüht sein, Ersatzmänner auszubilden. Na, und eines Tages stände die Welt wieder ... Das heißt, wenn sie bis dahin noch steht.

Sehr verjährter Herr von Goethe

Montag, der 29. August

Geburtstag steht kurz hinter der Tür. Nachdem bis zum letzten Augenblick keine Goethe-Gesellschaft, kein Verein und überhaupt gar kein Unternehmen an mich herangetreten war wegen der Festrede anläßlich dieses Tages, habe ich zur Selbsthilfe gegriffen und eine Goethe-Feier für mich allein veranstaltet.

Ich besorgte mir ein paar Blumen, stellte sie auf ein Tischchen, holte mein altes, liebes Reclam-Büchlein „Faust", der Tragödie erster Teil, aus der Tasche und legte es hin, stellte ein unretouchiertes Goethe-Bild dazu (das aufzufinden war das schwerste), und in die Mitte tat ich ein paar Armleuchter, ohne die es nun einmal bei keiner Feier abgeht.

Verehrter Dichter, begann ich mein Beginnen, Verehrtester des Jahres neunzehnhundertneunundvierzig, und zum Zimmer gewandt: Meine lieben Abwesenden, auch ich möchte nicht versäumen, mein Scherflein zum heutigen Tage beizutragen, obwohl ich in Verlegenheit käme, wenn ich Ihnen erklären sollte, was ein Scherflein ist. Mit Stolz – (hier stock' ich schon, ich kann das Wort so hoch unmöglich schätzen).

Verzeih, ich kann nicht hohe Worte machen, und wenn dich auch dein ganzer Kreis verwöhnt. Mit Stolz – in dieser Stunde – Stunde muß das Stichwort gewesen sein für eine magische Überblendung, die in diesem Augenblick mit dem Bild Goethes vor sich ging, statt des Jubilars stand plötzlich Professor Möbius auf dem Tisch. Professor Möbius gab bei uns immer Deutsch und Geschichte, so, genau so sah er aus, wenn er sein Goethe-Unser sprach. Er sah mich pädagogisch an. In diesem Blick lag ein unmißverständliches: Setzen, mangelhaft.

Ich blickte bestürzt nach der Erscheinung, aber da war sie schon verschwunden, und der Olympier stand wieder da, wie vorher. Nur den unmißverständlichen Ausdruck in den Augen hatte er vom Professor Möbius übernommen. Am liebsten hätte ich die Feier hier abgebrochen, aber ein Maler aus jener Gruppe, die in Berlin ein surrealistisches Kabarett betreibt, war unbemerkt eingetreten und erbot sich, den Rest der Feier nach seinem Geschmack zu inszenieren. Alsbald fingen die Armleuchter mit dröhnender Stimme an zu singen: Über allen Wipfeln ist Ruh'. Aus dem Nebenzimmer kam Frau Rat Goethe und sagte: Eine Frau von Stein hat eben angerufen, bist du für sie zu sprechen, Hans Wolfgang? Goethe aber bemerkte sie gar nicht, denn er war gerade in einem sehr hochinteressanten Gespräch mit einem Ingenieur aus dem letzten Weltkrieg und ließ sich von ihm über die Wirkungen des Faust II in England (Edinburgh) unterrichten. Als ihn etwas später ein westdeutscher Reporter nach seiner Meinung über Napoleon befragte, gab Goethe zur Antwort: Solange der Usurpator den Humanismus und den Freiheitsgedanken anerkennt, kann er so viele Völker unterjochen, wie er will. Er wird doch unser Freund bleiben. Eckermann weinte in einer Ecke. Endlich kam die alte Schwerdtlein und sagte, es sei angerichtet. In diesem Augenblick ging eine Tür auf: An einer langen Tafel saß das Goethe-Publikum dieses Jahres. Und was hatte man ihm nicht alles aufgetischt: Das Menü eines Jahrhunderts ist an der Sonne des Jubilars aufgewärmt worden; es war ein köstlicher Schmaus.

Liberal als tot

Wieder einmal was für meine Enkelchen: Denkt euch, werde ich ihnen einmal sagen, den Onkel Bundespräsidenten habe ich noch persönlich gekannt, ja, da staunt ihr! Wir haben einmal zusammen gegessen. Nein, nicht so. Ganz gemütlich. Und in Bonn! Erst hat er euren Großvater gebeten, ob er nicht in seinem Wagen Platz nehmen wolle, dann sind wir zusammen in eine Gaststätte gefahren und haben bis spät in die Nacht hinein miteinander geplaudert. Jawohl.

Links von mir saß der Professor Carlo Schmid und rechts von mir, das war ganz zufällig, der Professor Dr. Heuss. Aber das war ein halbes Jahr vor der berühmten Wahl. Damals wußte noch keiner etwas. Bei einem Kronprinzen kann man sich ja ungefähr denken, was für Thronfolgen solche Geburt haben wird, aber einem demokratisch geborenen Staatschef kann man wenig Genaues voraussagen.

Ja, und dann eines schönen Bundestages stand er plötzlich über uns allen und hatte alles überstanden: Fackelzüge, Glockenläuten, Repräsentiermarsch.

Seht euch das Bild der Vorgänger an (von links nach rechts): (Ebert), Hindenburg, Hitler. Wenn jene die gefährliche Verkörperung Deutschlands waren, so ist Heuss seine weniger gefährliche Vergeistigung. Wir grüßen ihn hochachtungsvoll.

Aber gibt es nicht schon wieder welche, die nur Achtung rufen, wenn er kommt? Eigentlich war er ja mehr als Figur gedacht. Er sollte schöne Sprüche machen, und nun war das erste, was er sagte: Einspruch. Er erhob ihn gegen ein Schattendasein des Bundespräsidenten.

Lieber tot, als Sklav', liberal als tot!

Mit Reden allein ist dem Staatsoberhaupt nicht gedient, mitreden heißt sein Postulat. Bravo!

Die Bonner Zauberlehrlinge sind bestürzt: Wann wird der Hexenmeister Adenauer den Geist des Widerspruchs gebannt haben? Ein Glück übrigens, daß der Kanzler sozusagen einstimmig gewählt worden ist ... Seine eigene Stimme gab bekanntlich den Ausschlag.

So ungefähr werde ich meinen Enkeln alles erzählen. Und sie werden mit offenem Mund dasitzen. Wenn sie bis dahin den Mund noch aufmachen dürfen. Und daß ihnen das nicht so bald wieder abgewöhnt wird, das walte Gott.

Poesien

Wilhelminisches Krieger-Begräbnis

Hinter dunklen Wolkenbänken
Strahlt sich Sonnenlicht ins Weite.
Einen Krieger zu versenken,
Zieht ein schwarzes Grabgeleite.

Vornean die Musikanten,
Die das Unglück ausposaunen.
Kinder, Gaffer und Passanten,
Die mit offnen Mäulern staunen.

Und das Lied vom Kameraden.
Hinter diesem eine Pause.
Hinter dieser ein Herr Krause
Mit des Toten Klempnerladen.

Hinter diesem die Gebeine,
Hinter diesen die Verwandten,
Hinter diesen die Vereine
Und die übrigen Bekannten.

Hinter allem ein Gelage,
Das sie alle noch mal eint.
Hinter diesem neunzig Tage,
Da die arme Witwe weint.

Hinter diesen eine Pause,
Aber keine lange nicht.
Hinter dieser jener Krause,
Der die Witwe ehelicht.

Vornean die Musikanten,
Die das Unglück ausposaunen,
Kinder, Gaffer und Passanten,
Die mit offnen Mäulern staunen.

Mieke

Miekes Mutter war die led'ge Magd Anna.
Miekehalber wurde der gekündigt.
Miekes Vater hat man zwar verklagt,
Doch weil er inkognito gesündigt,
Blieb ihr sein Erziehungsgeld versagt.

Eigentlich und ganz genau genommen
Zeugte Mieke eine Flasche Schnaps.
Und von diesem hat sie ein defektes Hirn bekommen.
Oder, wie die Leute sagen, einen Klaps.

Frau Baronin aus dem Kreis Ixhausen
Machte sich aus alledem nichts draus,
Ließ die Mieke herrschaftlich entlausen
Und erzog sie dann als Magd im Haus.

Immerhin hat Mieke dort gelernt,
Wie man betet, aufwäscht und Kartoffeln schält.
Aber wie man einen Fehltritt fleckenlos entfernt,
Hat ihr Frau Baronin nicht erzählt.

Irgendwo gebar dann jemand irgendwas,
Das die Leute später Anna nannten.
Neue Quittung wurde das
Eines neuen Unbekannten.

Annas Mutter war die led'ge Magd Mieke.
Annahalber wurde der gekündigt.
Annas Vater hat man zwar verklagt,

Doch weil er inkognito gesündigt,
Blieb ihr sein Erziehungsgeld versagt.
Eigentlich und ganz genau genommen
Zeugte Anna eine Flasche Schnaps
usw. usw. (Siehe oben.)

Aus der Jugendzeit
Rückblick eines Frühreifen

Ich war ein ausgesprochen zartes Kind
Und trug Matrosenblusen oder Bleyle-Sweater
Und einen Regenschirm bei schlechtem Wetter,
Und wenn es Frühling wurde, aß ich Formamint.

Des Abends sprach ich mein Gebet,
Ich mußte stets den gleichen Text benutzen.
Das fiel mir schwer, und ebenso das Zähneputzen,
Worauf mein Vormund heute noch besteht.

Ein Fräulein zog mich immer an und aus.
Sie hieß Marie und hat mich still verehrt;
Und später wurde das Verhältnis umgekehrt.
Da aber flog Marie aus unserm Haus.

Was ist das Leben nunmehr ohne sie?
Wer hält mich an? Wer ab?
Wer knöpft mich schnell mal auf?
Steckt mir Patronen in den leeren Lebenslauf!
Drückt ab! Gebt Feuer! Grüßt mir die Marie!

Lebensanschauung eines Boxers

Alle Menschen sind gut.
Natürlich, nicht das alleine.
Manche zum Beispiel sind gute Schweine,
Und das ließe sich endlos verlängern –
Aber ich meine den Menschen im engern,
Tieferen Sinne, da ist er gut.
Mancher sagt schließlich mehr, als er tut.
Ausgenommen ist eine Klasse,
Deren Wesen ich nicht erfasse:
Menschen, die immer gleich schießen und schlagen
(ohne das vorher anzusagen),
Denen komme ich auch gemein.
Strafe muß sein!

Aber ich führe dann solchen Streit
Sachlich und mehr aus Verlegenheit;
Wenn er dann still in der Urne ruht,
Lieb' ich ihn wieder. Auch er war gut.

Der Mond über sich selbst

Ich bin der Mond, auch Luna ist mein Name.
Am Tage halt' ich mich versteckt.
Doch nächtlich mach' ich Lichtreklame
Mit Viertel-, Halb- und Volleffekt.

Es wohnen mir zur Untermiete
Das Mondkalb und der Mondenmann.
Es regt der Anblick, den ich biete,
Das Menschenhirn phantastisch an.

Mir schrieben früher die Poeten
Die schönsten Verse auf den Leib.
Heut sendet man mir mit Raketen
Zum Mondenmann das Mondenweib.

Ganz ernst hat man mich nie genommen.
Das liegt an meinem Mondgesicht.
Doch jeder freut sich auf mein Kommen.
Mehr will ich „letzten Endes" nicht.

Alter Spötter und junger Mond

Nach langem und ganz bewußtem Verzichten
Begann es auf einmal in mir zu dichten.
Ganz seltsam war das, ganz ungewohnt.
Überschrift: Mond.

Leuchtend und kalt
Dicht über dem Wald.
Halt, dacht ich, halt, da ist doch was dran,
Daß uns das immer noch reizen kann.

Zichtausend Jahren, sofern das reicht,
Hat er dasselbe Programm gezeicht.
Nieder und auf und auf und nieder:
(Feldwebel Mertens, ich höre Sie wieder:

Ihr traurigen Mondgesichter, ein Lied!)
Tatsächlich, wenn man den Mond so sieht:
Er hat ein Gesicht aus Berg und Tal,
Der Himmelskoloß. Kolossal, kolossal.
Wieviel Zeilen sind das? Acht. Sechzehn –. Es langt!
Du himmlischer Mond, sei herzlich bedankt.

Nachgelassener Zettel an den Logiskameraden

Du schliefst so schön, drum zog ick Leine,
Und hab dir nich erst aufjeweckt.
Die fuffzehn Mark im Kasten war'n wohl deine?
Ick hab sie vorsichtshalber eingesteckt.

Such, wennde aufstehst, nicht erst deine Hose.
Ick war erstaunt, wie die mir paßt.
Und denk an meine Zwangspsychose,
Wennde auch kein Jackett mehr hast.

Det ick nach Köln will, war jelogen.
Ick mach nach Dings. Doch sei darüber still.
Der Adressat ist unbekannt vazogen,
Falls de Behörde etwas von mir will.

Leb wohl, ick hab sehr jut jenächtigt,
Doch hierzubleiben hätte keinen Sinn.
Ick will nich, daß man mir vadächtigt,
Solange ick noch jreifbar bin.

Elegie vor der Haustür

Ick warte und weeß nich uff wen
Und steh schon seit acht uff'n Posten,
Und jetz iss es zehn.
Man müßt mal in'n Lunapark jehn,
Det kann doch so ville nich kosten.

Wie machen die andern det bloß?
Die sieht man doch täglich poussieren,
Die werden es los.
Mir setzt sich keen Aas uff'n Schoß,
Wie soll man da eene vafieren?

Da wart man und wartet und wart
Und keene kommt und sagt „Kleener",
„Det Leben is hart",
„Komm mit! Ick bezahl ooch die Fahrt."
Und ick sehn mir doch so nach so eener.

Det jibt es wohl bloß in'n Roman.
Am besten bleibt's, man vazichtet
Und jeht in'n Kahn
Und denkt, man hätt es jetan,
Bis daß sich die Sehnsucht vaflichtet.

Warmer Sommertag

Von fern brummt eine Dreschmaschine,
Es könnte auch ein Flieger sein.
Von Zeit zu Zeit summt eine Biene.
Am stillsten ist der Sonnenschein.

Die Wolken haben keine Bleibe.
Wenn eine mitten drüber geht,
Wird aus der Sonne eine Scheibe,
Das schadet ihrer Majestät.

Die Tierchen rings erfüllt Ekstase,
Sind sie auch wie die Flöhchen klein;
Und liegt ein Mensch wie du im Grase,
Dann beißen sie diskret hinein.

Und ein paar Kühe vor der Hecke
Turnieren mit dem Hinterleib.
Man weiß nicht recht, zu welchem Zwecke,
Vermutlich auch zum Zeitvertreib.

An Ruth

1

Mein Herz blüht auf. Ich bin direkt erschrocken!
Denn, unter uns, ich hielt's für ziemlich abgebaut.
Doch scheint es sich noch einmal aufzustocken.
Und kurz und gut, ich habe wieder einmal eine Braut.

Braut ist zuviel. Geliebte auch nicht richtig:
Wir machen's mehr auf gute Kameraden.
(Das andre ist ja wirklich halb so wichtig,
Und wird's mal wichtig, kann's ja auch nichts schaden.)
Ich tue das, was ein Verliebter meistens tut,
Ich brumme Schlagertexte vor mich hin,
Schreib Verse nieder, nenne sie „An Ruth!"
Und freu mich schrecklich, wenn ich einmal bei ihr bin.

2

Manchmal bleibt der Strom weg, der uns bindet,
Und da reden wir an uns vorbei,
Bis dann schließlich einer findet,
Daß der andre scheußlich sei.

Dieser andere bin ich.
Traurig murmle ich: wie dumm.
Das bezieht sie dann auf sich,
Und dann sind wir beide stumm.

Und da läßt sich gar nichts machen,
Einigkeit ist eben Glück.
Bis wir schließlich selber drüber lachen,
Und da kommt der Strom zurück.

3

Komm, laß uns mal zusammen weinen,
Mir ist jetzt grade so zumut.
Leg deinen Dickkopf an den meinen –
Na, sei so gut.

Du bist das Weib, du mußt beginnen,
Und sei getrost, ich tröste dich.
Ein Mann wie ich weint nur nach innen,
Und seiner Zähren schämt er sich.

Wie heute deine Haare riechen –
Ich bin wahrscheinlich doch sehr klein.
Ich möchte mich in dich verkriechen
Und nicht mehr aufzufinden sein.

Herbst

Schwarze Bäume stehen kahl im Parke,
Ihre Äste gleichen Speeren.
Männer dort, die mit der Harke
Braunes Laub zusammenkehren.

Einer sieht mich immer an,
So, als wollte er mich hassen;
Hält mich wohl für einen Mann,
Hergeschickt, um aufzupassen.

Macht das meine schlechte Brille?
Ist's der ausgefranste Kragen?
Oder kann der Mann die Stille,
Die uns scheidet, nicht vertragen?

Advent

Es ist die trübste Jahreszeit.
Ich werde täglich blasser.
Kaum, daß es einmal richtig schneit,
Ist es schon Matsch und Wasser.

Das macht mir meine Strümpfe naß,
Und rieselt in den Sohlen.
Und, wie gesagt, man wird so blaß –
Und dieses Mehr an Kohlen!

Die Bettler sind noch mal so groß
Als zu normalen Zeiten.
Ich werde ihren Blick nicht los,
Mit dem sie mich begleiten.

Wer diese öden Blicke kennt
Und hat nichts zum Verschenken,
Der kann sich bei dem Wort Advent
Nichts Trauliches mehr denken.

Volkslied

Sie macht dem Herrn das Zimmer rein
Und klopft die Betten breit
Und gießt ihm frisches Wasser ein
Und läßt sich Zeit.

Er steht dabei
Und sieht ihr zu
Und denkt: Das könnte gehn.
Er fragt: „Wie wär's?"
Sie sagt: „Nanu?"
„Nachts um halb zehn?"

Er ist Student,
Sie ist allein
Und hat's noch nie getan.
Der Vollmond scheint zum Fenster rein.
Wie im Roman –

Sie macht dem Herrn das Zimmer rein
Und sagt: „Jetzt muß ich gehn."
Und gießt ihm frisches Wasser ein,
Früh, um halb zehn.

Stammbuchverse

1

Kind, ich merk's an deiner Blässe,
Daß du mir ein Gebiet verschweigst,
Wofür du mindestens Int'resse,
Wenn nicht noch etwas Stärkres zeigst.

Nun, ich weiß ja aus Erfahrung,
Nichts im Leben geht so glatt
Wie das Surrogat der Paarung,
Wenn man keinen Partner hat.

Dies sei dir ins Herz geschrieben:
Kultiviere deine Triebe!
Laß – mußt du durchaus schon lieben –
Wenigstens die Eigenliebe.

2

Einer Schauspielerin hinter die Ohren geschrieben

Vor allem eins, Irene:
Akte – soviel du willst: nur keine Szene.

Dunkler Mann im ängstlichen Zimmer

Ich hätte das Licht nicht ausmachen sollen.
Wenn jetzt jemand käme, den werf ich mit Kissen;
Aber wenn sich nun Geister anmelden wollen?
(Man wäre da irgendwie aufgeschmissen.)

Das dämliche Knacken muß ja der Schrank sein.
Einbrecher würden doch sicher noch warten;
Aber was kann denn das Schleichen im Gang sein?
Und warum bellt jetzt der Hund im Garten?

Na, morgen wird mit dem Monteur gesprochen.
Der muß mir den Schalter ans Bett verlegen.
Das hat auch noch nie so brenzlig gerochen,
Oder kommt das noch immer vom Schornsteinfegen?

Das waren jetzt aber deutliche Schritte:
So, hops, aus dem Bette wäre ich raus.
Wo sitzt nun der Schalter? Na endlich! – Ja, bitte.
Ach, Erika (richtig!), komm rein; ich mach aus!

Tauwetter

Ich latsche im geölten Dreck.
(Wenn dir das ein Begriff ist.)
Mein rechter Schuh hat vorn ein Leck.
(Wie gut, daß er kein Schiff ist.)

Der Wind nimmt Anlauf zum Orkan,
Wie so ein Wind halt loslegt,
Der später auf dem Ozean
Den Kiel der Schiffe bloßlegt.

Ich werde jetzt von unserm Blatt
Die nächsten Nummern lesen,
Was sich auf See ereignet hat
Und wie das so gewesen.

Wer weiß, wenn so ein Ding versackt,
Ob dann die Passagiere
Nicht Sehnsucht nach dem Drecke packt,
Vor dem ich mich geniere?

Beschuhte Schafe

In England sind zwei Farmer auf den nicht unoriginellen Gedanken gekommen, ihren Schafen Gummischuhe anzuziehen: einmal, um die paarzehigen Huftiere aus der Familie der Hohlhörner vor der Fußfäule zu schützen, zum andern, um damit der englischen Volkswirtschaft den jährlichen Verlust von rund zweitausendfünfhundert Zentnern Sterling (in Pfunden: eine halbe Million) zu ersparen. Der rechtschaffene Mensch kann mit Freuden feststellen, daß hier einmal zwei Leute ihre Schäfchen ins trockene gebracht und dennoch der Allgemeinheit nicht geschadet haben, wie es sonst bei solchem Tun leider zu sein pflegt. Aber es leuchtet nichts so hell, daß es keinen Schatten würfe. Und so müssen wir uns darüber klar sein, daß die Schafe nun zwar vor der verderblichen Erdfeuchtigkeit geschützt sind, den ersten Schritt mit ihren neuen Gummischuhen aber in ein Gebiet tun, dessen Boden nicht viel ungefährlicher ist: die Zivilisation. Wir wissen, wer sich in die Zivilisation begibt, kommt darin um. Denn es bleibt ja nicht bei den Schuhen. Es kann ja gar nicht dabei bleiben. Jedes natürliche Wesen unter der Sonne kann es sich leisten, nackt zu sein – sogar der gesäßfreudige Pavian –, aber lediglich mit ein Paar Schuhen bekleidet herumzulaufen, das hat noch niemand fertiggebracht, ohne daß er den Fluch der Lächerlichkeit auf sich genommen hätte. Wer also Schuh sagt, muß auch Strumpf sagen. Der Strumpf hat das Unter- und das Unter- das Oberbeinkleid zur Folge; die Hose aber schreit nach dem Rock und so fort. Und jener ahnungslose Mensch, der auf den nicht unoriginellen Gedanken kam, sich Schuhe über die Füße zu ziehen, war der Vater der Zivilisation. Seitdem wir zivilisiert sind, also Schuhe tragen, laufen wir nicht mehr herum, sondern unternehmen Schritte. Nun, wir werden sehen.

Die Nachricht aus London von den beschuhten Schafen war noch keine halbe Woche alt, so lag schon eine Meldung aus Sidney vor, wonach der Eisenbahnarbeiter Francis Carley dortselbst ein Schwanzlicht für Schafe erfunden hat, das, ähnlich den Katzenaugen unserer Fahrräder, selbständig leuchtet und das mit einer kräftigen Spange an der Schwanzwolle befestigt wird. Wie die Gummischuhe gegen die Fäulnisbakterien, so sollen diese Schlußlichter die Schafe gegen Überfälle von Raubtieren sichern. Wieviel Pfund Sterling das nun wieder einbringt, ist noch nicht errechnet worden, tut hier auch wohl nicht soviel zur Sache. Man sieht jedenfalls deutlich, der Zivilisationsprozeß der Schafe macht Fortschritte. Offen gestanden, hatte ich ja nach dem Schuh die Erfindung des Strumpfes für die Schafe erwartet, er hätte sich besser der Ankleideordnung angepaßt. Vielleicht wird man meinen Strumpfgedanken aufnehmen und ihn mit dem Leuchtschwanzgedanken des Kollegen von der australischen Eisenbahn verbinden; dann bekommen die Schafe Glühstrümpfe. Rock und Hose liegen auch schon bereit, denn es sind schon Versuche gemacht worden, die Schafsleiber zum Schutz der Wolle mit einer Art Cellophanhülle zu umhüllen. So fehlt eigentlich nur noch die Nachricht von einem Zylinder, der den wollustigen Tieren zum Schutz gegen die Sonne auf den Kopf gestülpt wird. Womit dann wahrscheinlich auch die Beleidungsklausel wegfallen würde, wenn ein Mensch den anderen als ein Schaf bezeichnet.

Ob die Dingos, jene reißenden Raubtiere, die Schafe nunmehr ungeschoren lassen werden, bleibt abzuwarten.

Wenn sich der Einfall des Eisenbahners als segensreich erweist, wird die Natur diese Verbesserung vielleicht einmal selbst in die Hand nehmen und ihn, wie es in der Natur der Natur liegt, sicher noch vollkommener gestalten. Daß also, wenn dermaleinst die ersten von sich aus leuchtenden Schäfchen zur Welt kommen, ihnen nicht nur hinten ein rotes Licht aufgegangen sein wird, sondern auch vorn an der Stirn eins, und zwar ein zartes grünes.

Dann erst, wenn sie vorn ebenso hell leuchten werden wie hinten, werden sie vollkommene Geschöpfe sein im Sinne der allgemeinen Verkehrsordnung.

Landregen

Die sonst so stummen Fensterbretter,
Was klappern die beim Regenwetter?
Es gießt zum Lustverlieren.
Mein Kragenknopf, der draußen liegt,
Wird, wenn man ihn nicht wiederkriegt,
Wohl demnächst oxydieren.

Ist navigare auch necesse,
Was soll das Land mit so viel Nässe?
Ob's nur ein alter Brauch ist?
Wie dem auch sei, ich bleib im Bau
Und trink mich voll und bleibe blau,
Bis es der Himmel auch ist.

Gang durch die Kuhherde

Nächtlich auf der dunklen Weide
Grasen viele große Kühe,
Kauen,
Schauen,
Tun mir nichts zuleide,
Während ich mich durch sie durch bemühe.

Wenn sie wollten, könnten sie mich überrennen,
Doch sie werden nicht dran denken,
Da sie
Quasi
Gar kein Denken kennen.
Außerdem sind sie nicht abzulenken.

Und so geh ich lautlos durch die Herde
Auf dem Gras, daran sie kauen,
Eilig,
Weil ich
Plötzlich bange werde,
Daß sie meine schwache Position durchschauen.

Der Naturapostel

Es ist höchste Zeit, vom Frühling zu sprechen. Er regt sich allenthalben. Schon schwellen die ersten Knospen. Wie lange noch, und wir holen uns die dicken Mäntel aus dem Schrank, besorgen uns Holz und Kohlen und üben Weihnachtslieder, denn der Frühling ist kurz, und der Sommer geht schnell vorbei.

„War das ein Frühling!" werden wir dann sagen. So zart, so lind, solide und so weiter. Wie die Sonne immer wärmer wurde und das Laub immer dichter und dichter. Und während wir das denken, kehrt es einer bereits mit der Harke auf einen Haufen. Das welke, rote Laub, dessen Spitzen in diesen Tagen hervorbrechen sollen.

Darum werden wir gut tun, an den Herbst zu denken, wenn wir den Frühling erleben. Demnächst will ich weit hinauswandern in die Natur; dort werde ich mich hinstellen und jauchzen. Das Jauchzen ist die verwandelte Form des Jodelns, die nächst höhere Form ist das Jubilieren. Dieses bleibt jedoch Kreaturen wie Schwalben und Lerchen vorbehalten.

Es läßt sich aber im Frühling in Versen alles leichter und dringlicher ausdrücken als in Prosa, und deshalb füge ich an dieser Stelle ein Spätwerk von mir ein:

> Er jauchzte wie Kolumbus: Land!
> Und schloß die Augen und empfand
> Die Kleiderlast als Notverband
> Und knöpfte sie sich runter.

So stand er nun: ein nacktes Ding.
Der Weiher gab ihm einen Wink:
„O Leben!" jauchzte er und ging
Erst baden und dann unter.

Was lehrt uns dieses Gedichtchen? Daß wir nicht baden gehen sollen, ohne zuvor einen Arzt gefragt zu haben.

Das Bett

Meines Lebens A und Z
Sind der Diwan und das Bett.
Freundschaft, Liebe und Verkehr,
Sekundär! Sekundär!
Hier entstand der Wunsch nach mir.
Zeugung, Ankunft, alles hier.
Und mein Sterben wird allein
Weicher durch die Kissen sein.
Ach, und nehmt mir mein Skelett
Ganz zuletzt erst aus dem Bett.

Der Mond

Er kann schon was, wenn man bedenkt,
Daß er die ganze Nacht
So selbstverständlich oben hängt,
Und gar nicht festgemacht.

Ich denke immer an Metall
Und schätze sein Gewicht.
Am schönsten ist der ganze Ball,
Die Sichel liegt mir nicht.

Mir sagte mal mein Großpapa
So morgens gegen vier:
„Den sehn sie jetzt in Afrika
Genausogut wie wir."

Auf Erden wird ein jeder Mann,
Wie er's verdient, belohnt.
Der eine sieht sein Konto an,
Der andre in den Mond.

Ohne Köpfchen keine Erleuchtung

Es stammt aus dem Walde und kann einen Wald vernichten; es ist unter Umständen äußerst ansteckend und kann trotzdem als Zahnstocher verwendet werden. Was ist das? Das Zündhölzchen. Auf die Idee muß man kommen: Einen Riesen des Waldes kurz und klein schlagen und auf die viereckigen Splitterchen einen Klecks kleben, der, wenn man ihn reibend reizt, ein Feuerchen spuckt. Wer das lichtspendende Streichholz erfunden hat, das, meine lieben Leser, ist leider immer noch in tiefes dunkel gehüllt. Die einen behaupten, Jakob Friedrich Kammerer, der Hutmacher, sei es gewesen. Die andern nennen Jones. Sie mögen beide recht haben.

Es ist ja mit den Erfindungen ähnlich wie mit dem Zündhölzchen: Es kommt auf das Köpfchen an. Ohne Köpfchen keine Erleuchtung. Ohne Erleuchtung keine Erfindung.

Eigentümlicherweise geraten Dinge, die längst erfunden worden sind, generationenlang in Vergessenheit, um dann plötzlich wiedererfunden zu werden. So war ich eines Tages sehr erstaunt, als ich erfuhr, daß die Flammenwerfer des Weltkrieges schon im siebenten Jahrhundert in Form von feuerspritzenden Siphons von dem byzantinischen Architekten Kallinikos verwandt wurden und daß Gajus Julius Cäsar bereits eine Zeitung, die acta diurna, herausgab. Die acta diurna war ein öffentlicher Anschlag, und es ist eine Ironie des klassischen Schicksals, daß gerade Cäsar, der Erfinder der öffentlichen Anschläge, eines Tages einem solchen zum Opfer fiel.

Als Urahne des modernen Zeitungswesens ist wohl Johannes Gensfleisch anzusprechen; jedenfalls war er der erste Pressevertreter. Vielleicht wählte er deshalb ein Pseudonym für die Öffentlichkeit und nannte sich Johannes Gutenberg. Seine Erfindung hat sich bis auf den heutigen Tag bewährt. Nur waren damals mehr die Bücher im Druck, heute sind es mehr die Autoren. Und seit Gutenbergs Tagen sind die Journalisten gute Erfinder.

Erfindungen werden späterhin meistens verbessert und vollendet. So erfuhr unser eingangs erwähntes Zündhölzchen durch den Wiener Chemiker Dr. Ferdinand Ringer eine Verbesserung dergestalt, daß es, einmal angesteckt, sechshundertmal länger brannte als ein gewöhnliches. Die Zündholzkonzerne aber, die nicht zu Unrecht eine große Gefahr darin witterten, traten mit dem Meister-Ringer unverzüglich in Verbindung, und zwar traten sie gleich so, daß die österreichische Ringer-Zündstab-Gesellschaft m.b.H. bald ihre Liquidation bekanntgegeben hat. Wie viele Erfindungen mögen ein ähnliches Schicksal gehabt haben? (Welcher Konzern mag den Keuschheitsgürtel aufgekauft haben? Seit Jahrhunderten ist er der Verschollensten einer.)

Eine dunkle Ahnung sagt mir, daß auch einmal – vielleicht schon in grauester Vorzeit – eine Meßmaschine erfunden worden ist zum sicheren Auffinden der Wahrheit. Bekanntlich liegt die Wahrheit verborgen wie die Ostereier zu Ostern; daß sie einfach in der Mitte liege, trifft durchaus nicht immer zu. Irgendein Riesenkonzern mit entgegengesetzten Interessen muß diese segensreichste aller Erfindungen rücksichtslos aufgekauft haben.

Fasse dich kurz!

In jeder besseren Telefonzelle hängt das bekannte Schild mit der Aufschrift: Fasse dich kurz! Nimm Rücksicht auf die Wartenden! Dieser Satz entbehrt zu seiner Wirksamkeit eines Nachsatzes: Zur Belohnung wird dir dein Gespräch nicht angerechnet. Denn es richtet sich ja die Mahnung an die Rücksichtslosen. Die andern fassen sich ja ohnehin kurz. Und die Rücksichtslosen tun oder lassen etwas nur, wenn sie sich einen Vorteil davon versprechen. Den Vorteil hätten aber nur die Wartenden.

Wer bei den Rücksichtslosen etwas erreichen will, muß es anders anfangen. Er muß sie zwingen.

Ein klassisches Beispiel hierfür ist die automatische Hausbeleuchtung. Sie bittet nicht, sie handelt. Noch der Rücksichtsloseste wird im Dunkeln stehen, wenn er die ihm zustehende Zeit des Kommens und Gehens ungebührlich überschreitet. Aus diesem leuchtenden Vorbild erhellt, daß Rücksichtslosigkeit nur mit Rücksichtslosigkeit zu bekämpfen ist.

Die Rücksichtslosen sind in der ganzen Welt ebenso verhaßt wie die Rücksichtsvollen beliebt. Aber nur, solange sie ihr Ziel verfolgen. Haben sie es erreicht, so werden sie von allen beneidet. Wenn wir daher auf der Höhe unseres Lebens die Wahl haben würden, rücksichtslos zu sein oder rücksichtsvoll, so würde sich die Mehrheit von uns für rücksichtslos entscheiden und nur ein Zehntel für rücksichtsvoll. Auch dieses restliche Zehntel würde zum größten Teil aus solchen bestehen, die sich ihr Bett bereits prima gemacht und die nun auch das sanfte Ruhekissen des Rücksichtsvollen haben möchten, und nur zum kleinsten Bruchteil aus solchen, die schon ihr lebelang rücksichtsvoll gewesen waren und die es trotzdem und dennoch weiterhin bleiben möchten.

Wie gesagt, nur Belohnung oder Strafe vermögen der Rücksichtslosigkeit etwas anzuhaben. Solange die Strafe der Tat auf dem Fuße folgen konnte, ging es ja auch noch einigermaßen.

Aber dann kam die Erfindung des Automobils. Diese Erfindung verschaffte der Rücksichtslosigkeit einen ungeahnten Vorsprung, der immer größer wird, je schneller die Autos fahren können. Und eine Strafe, die der Tat auf dem Pneu folgt, ist selten.

So wird an die Vernunft der Autorisierten appelliert. Dem „Fasse dich kurz" entsprechen die Geschwindigkeitsschilder auf den Straßen. Es sind kurze Ansprachen in roten, blauen, gelben, schwarzen Punkten, Kreisen, Strichen und Figuren, deren gemeinsamer Tenor lautet: Fahrt vorsichtig! Nehmt Rücksicht auf die Lebenden!

Schilder verhängen aber keine Strafen, und sie erteilen keine Belohnungen. Sie bremsen nicht, sie schießen nicht, und der rücksichtslose Autofahrer mißachtet sie doch.

Kompromittierte Straßenbahn

Der Tatbestand ist der: Ein angeheiterter Bürger der Stadt Stuttgart requiriert spätnächtlicherweile einen Triebwagen aus dem Depot der Stuttgarter Straßenbahn und versucht, damit nach Hause zu fahren. Die endlose Tübinger Straße entlang gelingt ihm das unbehelligt. Am Wilhelmsbau wird er aus dem Wagen und zur Rechenschaft gezogen. Als strafverschärfend wurde der Umstand angesehen, daß er ein den Charakter der Straßenbahn in hohem Maße kompromittierendes höllisches Tempo vorlegte und wie ein Irrsinniger klingelte.

Meine Damen und Herren, liebe Leser:

Wir sind uns wohl alle darüber klar, daß hier ein Vergehen vorliegt, das ein Verfahren nach sich ziehen mußte. Wo kämen wir schließlich hin, wenn sich heute jeder Irgendwer eine Elektrische greifen und darauflosfahren wollte. In den seltensten Fällen doch nur dorthin, wo es vorn drauf steht. Aufs schärfste zu mißbilligen ist auch, daß der Täter als einzelner ein Verkehrsmittel benutzt hat, das seiner Natur nach zum Transport von mindestens mehreren einzelnen, am besten von vielen, im Sinne der allgemeinen Verkehrsordnung bestimmt ist.

Es wird sich natürlich, da ja die Straßenbahn eine menschliche Einrichtung ist, die deshalb auch der menschlichen Unzulänglichkeit unterworfen ist, niemals ganz vermeiden lassen, daß da und hie eine Elektrische nur mit einem Fahrgast oder gar mit gar keinem ihre Strecke dahinfährt – diesen unglücklichen Zustand aber bewußt herbeizufahren, das, meine Damen und Herren, ist ein Verbrechen!

Was aber noch schlimmer ist: Der Nimbus des 20. Jahrhunderts, die elektrische Straßenbahn, hat einen Knacks bekommen. Haben wir nicht alle, wie wir sonst auch zu den Dingen eingestellt worden sind, vor einem Straßenbahnführer von Kind auf eine geheimnisvolle Scheu empfunden? Schon, daß das Sprechen mit ihm während der Fahrt verboten ist. Und dann überhaupt das ganze Drum und Dran seines Gebarens.

Das alles hat jetzt an Zauberkraft eingebüßt. Wir haben

eingesehen, daß das Führen einer Straßenbahn gar nicht so schwer ist. Wenn wir wollten, könnten wir es vielleicht auch.

Nur dort, wo auf Strafverschärfung erkannt wurde, möchte ich für mildernde Umstände eintreten: Das irrsinnige Klingeln und das höllische Tempo des Angeklagten. Wenn ich mir schon eine elektrische Straßenbahn greife und mit eigener Faust in Betrieb nehme, dann will ich auch etwas davon haben. Dazu gehört aber das Klingeln. Und vor allem das Rasen. (Vielleicht ist das eine Art Elektrosadismus.) Welch eine Zwangsvorstellung, was sage ich, Zwangsfestvorstellung für jung und alt: mit einer Elektrischen dahinzurasen, die Todfeinde des Straßenbahnwesens, die Autos, hinter sich lassend, vorbei an jeder Haltestelle! Vorbei an jeder Haltestelle!!! Ich sage Ihnen, dieser Mann hat einen zwiefachen Rausch gehabt, und das sollte man ihm zugute halten!

Vision: Die von dem Trunkenen vergewaltigte Straßenbahn fährt wieder im alten, ausgefahrenen Gleis des Alltags. Sie ist vollbesetzt, also wieder kommunalpolitisch wertvoll. Plötzlich, vor der fünften Haltestelle, geht ein Zittern durch den Wagen (Ecke Neckarstraße). Sie hält nicht. Sie fährt weiter. Sie kommt ins Rasen. Irgendwo wird sie aufgefangen. Die Gäste kommen mit dem Schrecken davon. Der Straßenbahnführer verliert seine Stellung, weil der Wagen technisch in Ordnung war. (Kein nüchtern denkender Mensch wird dem Ärmsten glauben, daß der Wagen schuld hatte und nicht der Wagenführer.)

Natur und Mensch

Der Himmel glänzt wie ein Opal,
Das Land liegt klar und hell.
Steh auf, mein Kind, und laufe schnell –
Wohin ist ganz egal.

Wenn du kein Freund der Felder bist,
Dann laufe in den Wald;
Geh da, geh dort, nur gehe bald,
Wer weiß, wie's morgen ist.

Verlasse noch vor Tisch das Haus,
Wie schnell kömmt doch der Tod;
Die Pilze heut zum Abendbrot,
Sah'n reichlich komisch aus.

Hoch hinaus (1937)

Von den Großen kaum beachtet, von den Kleinen aber um so lebhafter diskutiert wird zur Zeit die Wiederauffrischung und Verschärfung einer Polizeiverordnung, wonach das Drachensteigenlassen in manchen Gegenden überhaupt und in den übrigen Gebieten über zweihundert Meter hinaus streng verboten ist. Zuwiderhandlungen werden wie alle Handlungen, die zuwider sind, unnachsichtlich geahndet. Wahrscheinlich ist die Überschreitung der Höchstgrenze von zweihundert Meter vordem nachsichtlich geahndet worden, und erst die zunehmende Kollision der Drachen und Drachenschnuren mit anderen den Luftraum gleichfalls beanspruchenden Gegenständen haben die Unnachsichtlichkeit zur Folge gehabt.

Damit sind die Drachen nach der langen, langen Zeit, da sie harmloses Spielzeug in der Hand von Kindern waren, wieder zu dem geworden, was sie in grauer Vorzeit bedeuteten: gefährliche Biester, zu deren Bekämpfung man ausziehen muß wie Siegfried in den Nibelungen. Nur daß die modernen Siegfriede den Drachen nicht mehr mit dem Schwerte zu Leibe gehen, sondern eben mit Verboten. – Die Strafe wird nicht niedrig sein; ob auch sie die Höhe von 200 Meter nicht überschreiten darf, entzieht sich meiner Kenntnis. Vermutlich wird die Polizei ein besonderes Herbstdezernat haben: Drachentöter.

Man sollte denken, der Drache gehöre seiner Mentalität nach in den Aufgabenkreis der Luftpolizeibehörde. So aber können nur Denker denken, die bekanntlich immer anders denken, als es erstens kommt. Verwaltungstechnisch gedacht – (Verwaltungstechniker sind keine Denker, sondern Handler) – verwaltungstechnisch gedacht, ist aber der Drache nur die Verlängerung einer langen Schnur, deren natürliches Ende ein mittels entsprechender Absteifung flugfähig gemachtes Papier bildet, das sich (und darauf kommt es eben an) in der Hand eines bodenständigen Drachenhalters befindet; ein Umstand, der genügt, daß der Drache in den Bereich der Landbehörden fällt, Verzeihung, steigt, denn Drachen steigen ja. Wir haben also eine schwebende Gefahr mehr. Aber nun, wir sind daran gewöhnt.

Es fragt sich jetzt, wie unsere lieben Minderjährigen diesen Schlag gegen eine Höherentwicklung des Drachensteigens verwinden werden. Ich fürchte, das Gros der Kleinen wird den Drachen an die Wand stellen und zum Segelflug übergehen, der sich zum Drachen verhält wie die Raupe zum Schmetterling.

Die Mücken

Die Mücken machen nachts Musik
Und singen in den Ohren.
Ich, der ich groß im Bette lieg,
Eröffne dann den Mückenkrieg:
Die Mücken haben Sieg auf Sieg,
Ich aber bin verloren.

Der Phlegmatiker

Mein Bett allein weiß, was ich leide,
Und leider leid ich auch am Bett.
Es macht mich renitent und fett.
Ich seufze, wenn ich mich entkleide.

Und doch: in kurzen Intervallen
Zieht es mich halb, halb sink ich hin.
Und das ist wohl der tiefre Sinn:
Ein Mensch, der liegt, kann nicht mehr fallen.

An den Nabel

Wir treiben auf dem Sinn des Lebens
Wie Blüten auf dem Ozean.
Wer Unglück hat, sagt sich vergebens,
Was Gott tut, das ist wohlgetan.

Mein Schifflein sah schon manches Wetter,
Doch blieb es heil und sank noch nicht.
Das Schwein im Leben spart den Retter,
Und Sparen ist die erste Pflicht.

Wer weiß, wo ich noch einmal lande
Und wo mein Schicksal mich erwischt.
Vielleicht verlaufe ich im Sande –
Na schön, dann war es eben nischt.

Geräusche

Ich bin ein Sklave von Geräuschen
Und ein Magnet für jeden Krach.
Ich schlafe nur mit Wattebäuschen
Und werde trotzdem zehnmal wach.

Ich bleibe nirgends länger wohnen,
Kein Raum ist meiner Art gemäß.
Ich bin der Alpdruck der Pensionen,
Der Schrecken der Hotelportiers.

Mir teilt sich jede Hupe mit,
Ich höre jedes Bettgestell.
Geht oben jemand, wird sein Schritt
Zum Paukenschlag fürs Trommelfell.

Ich ging schon einmal an die Spree
Und dachte schließlich: – Nein!
Es wird am Grund vom Müggelsee
Vielleicht noch ruhiger sein.

Der Wecker

Unter einem Wecker versteht man doch im allgemeinen eine mit einem kleinen Läutewerk versehene Uhr. Kleine Leute haben große Wecker, große Leute kleine oder Personal, das klopfen kommt. In London, einer Stadt in England, soll es sogar einen Mann geben, der Wecker von Beruf ist und sich nicht schlecht dabei steht. Ehe denn die Hähne krähen, dringt er in die Wohnungen aller, die frühzeitig aus den Betten müssen, zieht sie an den Füßen und seinen Profit daraus, daß sie auf mechanische Weckapparate nicht reagieren. (Leute, die im selben Maße von Beruf Staubsauger sind, oder gar Küstenschoner, gehören natürlich in das Reich der Fabel, wie es denn überhaupt viele irreleitende Tätigkeitsbezeichnungen gibt. So ist beispielsweise an einem Geschäft im Westen: „Spezialität: feine Herrenwäsche" zu lesen. Ich möchte aber nicht erleben, wie verständnislos ein Herr angeschaut werden würde, der hineinginge und sagte: „Bitte, waschen Sie mich fein –".) Was nun *meinen* Wecker betrifft, so ist er Tischler von Beruf mit einer Werkstatt im Erdgeschoß vom Nachbarhaus. Sein Wirken ist schlagartig. Das liegt in der Natur des Tischlerhandwerks. Das Ungesunde in unserem Verhältnis zueinander (ich bin ihm hellhörig) besteht in der Art der Übertragung seiner Hammerschläge. Jedesmal fahre ich erschrocken auf und breche, vom Erdgeschoß des Meisters getroffen, lautlos zusammen. Ich habe eine genaue Kontrolle, wie viele Nägel er täglich verbraucht. In meiner Not wollte ich mich schon einmal an Rabitz wenden, der doch der kommissarische Schalleiter des gesamten modernen Wohnungswesens ist.

Es gibt nur wenige Minuten in der Woche, da das Klopfen nicht zu vernehmen ist. Dann ist das Haus von einer himmlischen Ruhe erfüllt. Ich habe sogar ein Mittel gefunden, diese Minuten künstlich herbeizuführen. Ich brauche nämlich nur jemanden zum Ohrenzeugen des Geräusches machen zu wollen. Solange er lauscht, ist es absolut ruhig. Mäuschenstill.

Unser Tischler ist natürlich im Recht. Und darauf pocht er auch. So wird das Klopfen immer unheimlicher. Ich kann also nicht hinuntergehen und sagen: „Trete er mir doch seine Werkstatt ab. Ich will's ihm lohnen." Denn dann würde er mir lediglich antworten: „Ja, wenn das Arbeitsgericht nicht wäre!"

Als ich's das erste Mal klopfen hörte, rief ich noch ahnungslos „Herein!" Ich Tor, zu einem Hammer! Späterhin klopfte ich zurück. Ach, es war ein Klopfen auf den heißen Stein. Zuletzt wandte ich mich an meine Hausverwaltung. Diese wandte sich an den Meister, dieser wand sich auch wie ein Aal. An meinen Schicksalsschlägen hat sich nichts geändert.

Am ersten April ziehe ich. Und zwar den kürzeren.

„Geben Sie mir ein Limit"

Auktionshäuser kannte ich bisher immer nur vom Hörensagen. Letzthin habe ich nun eines betreten. Betreten ist der richtige Ausdruck, denn ich war es angesichts so vieler zur Schau gestellter Kunst- und Gebrauchsgegenstände.

Luxuswohnungen sind mir von je ein Rätsel gewesen;

hier konnte ich nun einmal die Auflösung sehen, die völlige Auflösung einer Luxuswohnung. Sie stammte aus dem ancien système.

Zum Teil waren es aufdringliche Sachen. Protzen, die abgeprotzt haben –.

„Kommt das auch zur Versteigerung?" fragte ich einen der herumstehenden Kommissionäre und griff nach einer zierlichen Biedermeiertasse.

„Nein", sagte der Herr, und das war sehr schlagfertig, denn die Tasse war mir ausgerutscht und heruntergefallen.

Der Herr begleitete mich nun und bot sich an, für mich zu bieten. Wir kamen an eine dickbäuchige Bowle. „Wie wird diese Bowle angesetzt?" fragte ich meinen Begleiter.

„Mit zehn Mark", sagte er. „Geben Sie mir ein Limit."

„Was soll ich Ihnen mitgeben?" hätte ich beinahe gefragt, da wiederholte er: „Ich brauche ein Limit." Ich errötete, denn ich wußte nicht, worauf er hinaus wollte. Ich spielte aber trotzdem den Überlegenen, tat, als ob ich zu Hause haufenweise Limits herumliegen und nur jetzt im Augenblick keins eingesteckt hätte, usw. usw.

Der Kommissionär wich mir trotzdem nicht von der Seite, von der ich ihn kennengelernt hatte. An der Wand hing ein schmaler Teppich. „Eine echte Brücke", sagte der Kommissionär. „Eine Brücke, eine Brücke", rief ich aus, „schööööön!" Aber sie schien mir nicht preiswert.

Schließlich überredete er mich aber doch noch zum Kaufe eines Ölgemäldes. Es war das Porträt eines weißhaarigen, netten alten Herrn mit Vatermörder. Er hätte mein Urgroßvater sein können, wenn ich nicht schon alle Vorfahren beisammen hätte.

Wir haben tags darauf das Bild ersteigert. „Sechsundsechzig zum ersten!" rief der Auktionator, „zum zweiten!" mit erhobenem Hammer. „Zum letzten!" Da erfolgte der Zuschlag. (Von fünfzehn Prozent, für den Auktionator.)

Begeistert habe ich daheim alles erzählt und präsentierte das Bild.

Es sähe mir wieder einmal ähnlich, hieß es daraufhin.

„Dann können wir es ja als Ahnenbild aufhängen", meinte ich.

Bei der nächsten Auktion werde ich schon klüger sein.

Ich sitze zwischen zwei Stilen

Es begann so: Ich wollte einen Sessel verkaufen. Der Sessel hat ein gefälliges Muster. Und das war das Moderne an dem Sessel. Er paßte zur Couch, und deswegen hatte ich ihn gekauft. Zu der Couch und den Sesseln gehörte ein gefälliger Teppich. Und zu allem eine moderne Wohnung.

Aber die moderne Wohnung war teuer, und es fiel mir nicht leicht, sie zu halten. Doch ehe ich die ganze Wohnung aufgab, wollte ich einen Sessel verkaufen. Damals ahnte ich noch nicht, daß es zum Wesen eines Sessels gehört, daß man ihn zwar kaufen, aber niemals verkaufen kann.

Jedermann, dem ich den Sessel anbot, sagte mir dasselbe: „Wenn Sie ein modernes Möbel kaufen und tragen es zum Laden heraus, so ist es sofort um die Hälfte im Preis gesunken." Ich bekam aber auch nicht einmal die Hälfte.

Mein Freund Rudi war unterdessen längst schon wertbeständig eingerichtet. Wenn man sich auf einen seiner Sessel setzte, brach der unter Umständen auseinander, und wenn ich fragte: „Was ist das?" Dann sagte er: „Das ist antik." Er erklärte mir die Vorzüge des Antiken: „Wenn man ein antikes Möbel aus dem Laden herausträgt, dann hat man den doppelten Wert in der Hand." Das leuchtete mir ein, und ich kaufte mir von dem Erlös meiner modernen Sessel, der Couch und des Teppichs einen antiken Sessel. Damit begann es.

Der antike Sessel forderte eine antike Umgebung. Ich suchte mir eine neue Wohnung. Ich fand eine reizende. Nischen, Ecken, Vorbauten, Türmchen, Erker, sogar ein Söller war vorgesehen. Der dreihundert Jahre alte Sessel bekam neues Leben. Rudi hatte mich unterdessen mit Edith bekannt gemacht. Edith war auch antik. Und weil ich selbst keine Zeit hatte, bot sich Edith an, meine Wohnung einzurichten. Wenn ich todmüde abends nach Hause kam, standen stämmige, rauh dreinschauende Männer vor meiner Tür, manchmal zwei, manchmal sechs, je nachdem. Alle mit Kisten und unförmigen Paketen beladen. Wenn ich diese Pakete auspackte, quoll mir unverfälschtes Mittelalter entgegen. Ein Bauernschrank, ein Engelbein, fünf Kilogramm eisernes Kamingerät. Direkt Unbrauchbares war eigentlich nicht darunter.

Ich baute alles um den Sessel herum. Anzubringen wagte ich nichts, weil mir die antiken Nägel fehlten. Edith hatte mir das antike Raumgefühl voraus. Zunächst bemalte sie die Wände der leeren Wohnung. Mit sicheren Kohlestrichen entstanden Blaker, Wandleuchter, Tischchen, Baldachine und Ruhestätten.

Von nun an verbrachte ich meine Zeit im Antiquitätengeschäft. Jetzt wußte ich, woher die Männer ihre Schätze geholt hatten. Alles, was bei uns zu Hause auf dem Boden Platz gefunden hatte, stand hier, zur Kostbarkeit aufgewertet. Privilegiertes Gerümpel mit dem Heiligenschein des Jahrhunderts. Was in der Schule lästiger Zwang war, die Stillehre, stand hier zum Genusse frei. Ein Louis neben dem andern. Seize und Quatorze. Und wenn mir ein Stück besonders vermodert erschien, dann sagte der Händler vermittelnd: „Aber es ist aus der Zeit!"

Es gibt in einem Antiquitätengeschäft nichts, was nicht „aus der Zeit" wäre, und wenn es aus der Jugendzeit wäre. Es ist aber aus der Zeit. Die schönste Zeit für den Antiquitätenhändler ist die Renaissance. Aber auch die schwerste Zeit. Hier wiegt alles nach Zentnern. Ein Schreibtisch hat das Gewicht einer Truhe. Eine Truhe hat das Gewicht eines Ambosses. Und ein Amboß ist unbezahlbar. Wenn er aus der Zeit ist.

Endlich wurde mir ein Sarg angeboten. Ich zauderte zunächst. Was soll ich mit einem Sarg? „Sind Sie wahnsinnig", sagte der Händler, „dieser Sarg ist aus der Zeit. Das Stück kriegen Sie nie wieder."

„Oh, Verzeihung", sagte ich und leistete eine Anzahlung.

„Es ist eine Kleinigkeit, diesen Sarg als antike Truhe zu benutzen", beruhigte mich der Händler. Ich hatte nicht den Eindruck, daß er mich reinlegen wollte. Unterdessen kam mein Geburtstag heran. Mein erster antiker Geburtstag. Eine Auswahl, wen ich einladen wollte, hatte ich nicht. Ich mußte wohl oder übel vier Experten zu mir bitten, deren Rat ich dauernd in Anspruch genommen hatte. Zwei davon waren Kunsthistoriker, einer war Knopfsammler, und der vierte arbeitete an einem Schlagwortlexikon für Stilmöbel. Außer ihnen kam Horst. Horst brachte ein Stück morsches Holz, in Seidenpapier eingewickelt, und legte es mir auf den antiken Geburtstagstisch. In seiner bescheidenen Art fügte er hinzu: „Quattrocento." Damit war mir jede Möglichkeit des Einspruchs von vornherein genommen, der Dank war fällig. Edith, die danebenstand, kam mir zu Hilfe. „Ich bezweifle, daß es Quattrocento ist", sagte sie. „Ich auch", unterstützte ich sie. Denn ich glaubte genau zu wissen, dieses Holz an einem der Gartenstühle von Horst entdeckt zu haben. „Denn", fuhr Edith fort, „diese Maserung ist das typische Kennzeichen des Cinquecento."

Ich befinde mich zur Zeit im Dickicht des Teutoburger Waldes. Jedesmal, wenn ein Hund anschlägt, fahre ich zusammen. Jedesmal, wenn ich Schritte höre, krieche ich tiefer in die Dunkelheit meines Versteckes. Ich hoffe, daß mein Hauswirt mich nicht findet. Edith hat mir die moderne Klageschrift von ihm übermittelt, deren ich mich zu verantworten habe. Die Löcher, die ich mühsam in meine Wände geschossen habe, um sie verwittert zu machen, muß ich wieder beseitigen. Die Türrahmen, die ich mit Kienfackeln vom Schleiflack ins 14. Jahrhundert hineinrußte, müssen ersetzt werden. Außerdem sind drei Personen zu Schaden gekommen, weil ich das Seil des Fahrstuhls mit feinen Messerchen bearbeitet habe, da es mir für meine Experten nicht antik genug erschien.

Wer weiß, wie alles enden wird? Wer weiß, ob ich jemals wieder ein Möbelstück in eine Wohnung setzen kann. Vielleicht werde ich mich wieder antik einrichten. Denn Torheit schützt vor Alter nicht. Nur eines steht fest: Ich werde mich nie wieder zwischen zwei Stile setzen.

Gebärden des Zorns

Lange Zeit wußte ich nicht, was mir fehlt. Jetzt glaube ich, es entdeckt zu haben: Mir fehlt die Gabe, zürnen zu können. Zorn ist komprimierter Ärger. Ärgern kann ich mich. Ich kann auch andere ärgern. Aber zürnen kann ich nicht. Auch andern nicht. Man muß es aber können, wenn man ein vollkommener Mensch sein will. Gute Freunde, eingeweiht in meinen Kummer, haben sich schon manchmal heimlich zusammengetan, um mich zu heilen: Sie schmissen anonyme Steine in mein Fenster, telefonierten mich in kurzen Abständen aus dem Schlaf, schalteten den Rundfunk ein; sie reizten mich, wo sich eine Gelegenheit ergab, es wurde täglich ärger; aber eben auch nur Ärger, Zorn wurde es nicht. Bis ich schließlich promenierenderweise auf ein paar Naturanarchisten stieß, die Blütenzweige im Sprunge zu erhaschen suchten, um sie dann, wenn es ihnen geglückt war, achtlos auf der Erde liegenzulassen.

Da fühlte ich eine Empörung in mir aufwallen, und das muß mir wohl anzusehen gewesen sein.

Ärgere dich doch nicht, sagte meine Frau.

Ärgern? sagte ich betroffen. Das ist kein Ärgern, das ist, bitte, Zorn!!!

Wenn sie jetzt nicht gelacht hätte, wäre alles in Ordnung gewesen. Aber sie lachte. Ich war ihr komisch erschienen, als ich ihr von meinem Zorn Mitteilung machte.

Da ließ ich sie stehen, ging allein nach Hause und sprach während der ganzen Zeit kein Wort mit ihr.

Spät abends trat sie leise an mich heran; ob ich ihr zürne –.

Habe ich dir gezürnt? fragte ich, erlöst aufatmend.

Etwas, sagte sie tröstend – du wirst es schon noch lernen.

Nun stehe ich oft vor dem Spiegel und übe Gebärden des Zorns. Ob ich mich aber jemals wie ein gelernter Zorniger gebärden werde, muß der Zukunft überlassen bleiben. Zum echten Zorn gehört Pathos, und auch das fehlt mir zum Glück. Es ist auch möglich, daß der große Zorn überhaupt nur Helden vorbehalten ist und Göttern und solchen, die es werden wollen.

Kleine Rolle

Mittags zwischen eins und drei,
Alles Licht in sich begrabend,
Steht die große Bühne frei
Mit dem Aufbau für den Abend.
Herrlich, so allein zu sein!

Frisch gezagt ist halb entronnen –
Und ich fange an, mich ganz allein
In der Finsternis zu sonnen,
Fühle süß, wie mein Talent sich
Rasch wie ein Gerücht verbreitet.
Und ein Teil des Körpers trennt sich,
Fühlt sich Tell und marquiskeithet,
Brüllt als Philipp, seufzt als Posa –
(Unterstützt von eigner Prosa.)

Mittags zwischen eins und drei,
Alle Rollen in sich habend,
Schwimmt sich meine Seele frei
In dem Aufbau für den Abend!

Abends dann, so kurz nach zwanzig,
Ahnt kein Mensch, was hier passiert'.
Und so rührt auch keine Hand sich,
Wenn ich melde: „Herr, es ist serviert!"

Komödiantenliebe

Wir saßen, gerade vier,
Am gleichen Tisch beim Wein.
Ich goß der Lola immer ein
Und sagte du zu ihr.

Und Lola wiederum gab zu,
Daß sie es nie geglaubt,
Wie nett ich sei, und überhaupt –
Und sagte gleichfalls du.

Und Manfred goß mir immer ein.
Und goß am Glas vorbei.
Ich sagte: „Oh, verzeih."
Uns war so nach Verzeihn.

Und als dann ein Pokal
Gar in die Runde ging,
War es mir selbst, dem kleinen Finck,
Ernst wie beim Abendmahl.

Ich wär so gern mal raus.
Ich hab es nicht gewagt.
Wer weiß, was die mir nachgesagt –.
So hielt ich's lieber aus.

Artistenlos

Ein Mensch, der sich ohne ersichtlichen Grund eines Tages plötzlich Stecknadeln und Reißzwecken in den Mund stopft und schluckt, ist ein Irrer. Er kann davon sterben. Im übrigen gehört er in eine Anstalt. Macht er derlei Dinge aber in regelmäßigen Abständen, so ist er ein Artist. Er kann davon leben.

Artistik ist ein hartes Brot, und die Begriffe verwirren sich oft merkwürdig in diesem Beruf. Manche beispielsweise ernähren sich davon, daß sie tagelang keine Nahrung zu sich nehmen. Das sind die Hungerkünstler. Das Publikum hat sie aber satt bekommen. Und damit war natürlich ihre Daseinsberechtigung erledigt.

Die wahren Artisten sind wirkliche Könner mit einem eisernen Fleiß. Sie gehören mit zu den angesehensten Volksgenossen. Im Gegensatz zum Bürger genießen sie dieses Angesehensein aber nur innerhalb ihrer Wirkungsstätte. Und hernach werden sie dann nicht mehr angesehen? Doch, ja. Aber wie –. Über die Schulter. Warum verhält der bürgerliche Mensch sich so? Vielleicht, weil jene noch und noch auftreten dürfen. Wann darf er schon einmal auftreten.

In einer Woche geschah nun etwas ganz Neues. Die Artisten forderten die Bürger heraus – aus ihrer Reserve heraus und zu einem festlichen Beisammensein in die Zirkusse, in die Varietés und in die Kabarette zu kommen. Alle Artisten wandten sich an alle Bürger. Die Vereinigung der Artisten gab sich, um in der Einladungssprache zu reden, die Ehre. Die Ehre des besagten Tages wurde gleichmäßig und gerecht unter alle Artisten verteilt, und, zum Zeichen der Verbundenheit aller mit allen, wurden die Einnahmen der Häuser und die Tagesgage eines Dienstags abgeführt, und zwar zur Schaffung von Artistenaltersheimen.

Und sie haben alle gegeben. Die Größten und die Kleinsten, die noch Großen und die noch Kleinen. Der dumme August (sprich Clown) und der gescheite Conférencier (sprich auch Klauen), die zarte Löwendompteuse und der unerschrockene Flohbändiger, der Drahtseilakt, die Direktoren und so weiter. Oder besser so fort.

Man sagt, Artisten würden sehr alt. Das würde ja großartig passen. Doch man sagt genauso, daß die Artisten, wie übrigens die Schauspieler auch, sich noch bis ins älteste Alter hinein außerordentlich jung fühlen. Meiner Treu, wenn nun das Heim offensteht und offen und keiner will hinein, weil er sich nicht alt fühlt! Da ist z. B. die Therese Renz, Kunstreiterin ihres Zeichens. Die Sandrock des Zirkus – nur älter. Doch niedergestreckt im Galopp würde der Bube werden, der sie eine alte Dame zu nennen sich erfrechen wollte! Aber nein, daß es leer steht, das Altersheim, ist wohl nicht zu befürchten. Schlimmstenfalls müßte es als Kinderhort getarnt werden. Dann kämen die größten aller großen Kinder ohne Bedenken und nähmen weiter keinen Anstoß.

So oder so: Es ist schön, daß nun niemand mehr zu hungern und zu frieren braucht oder gar betteln muß im Alter. Und wenn wirklich mal die Kohlen knapp werden sollten, dann wird ein bis dahin vielleicht auch schon etwas steifer Grock eben nachhelfen müssen und alles warm lachen. Wozu ist es ein Heim für Artisten? Sich einmal ganz zurückziehen dorthin, dürfte der Grock ja wohl kaum. Er ist ja soooo reich. Aber, wer weiß, vielleicht dreht er noch einmal einen eigenen Film –. Noch ist nicht aller Tage Lebensabend!

Bis das Haus fertig ist, werden die Artisten jetzt davon

träumen. Margot Krupski, augenblicklich Dorette Terwani, die Vierte von links in der zweiten Reihe, sieht bereits einen endlosen Park. Darin kann sie ein Bein vor das andere setzen, ohne darauf zu achten, daß sie peinlichen Takt und gleichen Schritt hält. Und keiner begleitet sie, sei's auch bloß am Flügel. Die drei Tombellys, die von Ort zu Ort gereist sind, sehen das Haus rund und drehbar gebaut, damit es von Zeit zu Zeit um die eigene Achse gedreht werden kann. Sie sind daheim und reisen doch wieder, legen sich beruhigt auf die andere Seite ihres guten Gewissens und sind's zufrieden. Und die kleinen Müller-Sisters träumen von einem Applausoleum. Das müßte ein Raum sein mit einer selbsttätigen Applausvorrichtung. Der Applaus nach den berühmtesten Nummern der Welt ist auf Schallplatten aufgenommen worden und hier auf eine Drei-Minuten-Platte gemixt. Die greisen Müller-Sisters werden jeden Abend um einhalb elf in das Applausoleum geführt. Kaum haben sie es betreten, so rast der frenetische Beifall in ihre tauben Ohren.

So hat der Dienst-tag der deutschen Artistik allen wieder frischen Mut gegeben. Diesmal hat's einen Haupttreffer gezogen, das berühmte Artistenlos.

Zum 70. Geburtstag von Claire Waldoff 1954

Geliebte Claire!
Zu Deiner Ehre
Hundert Altäre
Und hundert Empfänge
Mit Sandwichgedränge.
Aber das paßte zu Dir
Wie Schlagrahm zu Bier.

Was Chancen hätt,
Wär ein Bläserquintett.
Der Trupp baut sich auf
Und dann bläst er,
„Hermann heeßt er,
Hermann heeßt er."
Keen Sekt, nur Molle auf Molle
Auf Claire, die Wundervolle!

Der Traurige

Dem Himmel fehlte jeder Scharm,
Und kalt und leer war die Natur,
Ich dachte nach, doch immer nur,
Wie bist du doch gedankenarm.

Es gingen außer mir noch sehr,
Sehr viele so wie ich;
Da mehrten die Gedanken sich,
Die Gegend selbst blieb aber leer.

Auf einmal kam mir der Verdacht,
Daß ich, Herr Finck, an dieser Leere
Zum Teil persönlich schuldig wäre.
Das hat mich weit vom Weg gebracht.

Der Zögerer

Wenn sich des Meeres salzige Substanz
Mit nassem Schlag um seine Lenden schlingert,
Verspürt man, wie sich seine Arroganz
Bei jedem Atemzug verringert.

Die Brust wird naß, er winselt vor Vergnügen.
Hineingetaucht! Und alles ist vorbei.
Schon zählt er, um sich zu belügen:
Erst zählt er eins, dann zählt er zwei.

Dann zählt er langsam in der Runde
Das Volk am Strande, bis er landwärts strebt.
Und zählt gerade diese halbe Stunde
Zum Schönsten, was er je erlebt.

Der Finck fliegt

Es war alles gründlich vorbereitet. Die Wettervorhersage war bestochen – was sollte noch passieren?

Mein Aeroplan startete erst um dreiviertel eins. Bis dahin wurden Formalitäten erledigt, als da ist: die Untersuchung des Gepäcks an der fiktiven Landesgrenze. Diese Landesgrenze wird von zwei zuvorkommenden, jedem Schmuggeleiversuch zuvorkommenden Beamten verkörpert: Jeder Mann ein Zoll!

Ich werde kurz abgefertigt – mein Gepäck besteht die Prüfung mit Befreiung vom Schriftlichen – der Abreise steht nichts mehr im Wege. Ich bin trotz allem der letzte, der einsteigt. Das Flugzeug ist voll besetzt, bis auf einen Platz, der sich auf der linken Seite befindet. Ich setze mich, bin aber voll Unruhe, denn ich bin im Abschiednehmen gehandikapt. Von hier aus läßt sich schlecht winken (es ist schon auf dem Bahnhof qualvoll, wenn das Abteilfenster von den Fensterplatzinhabern blockiert wird und die Abschiednehmenden den letzten Kontakt nur durch gymnastische Manöver herbeiführen können. Das Flugzeug steht aber draußen im Rollfeld, weitab von der Flugsteigsperre). Die Augen meiner Hinterbleibenden werden mein Taschentuch vergeblich suchen. Es winken aus meiner Kabine zwar zwei Tücher, aber die sind sauber. Keiner wird also auf den Gedanken kommen, daß eins davon mir gehören könnte.

Um meine steigende Unruhe zu verbergen, ziehe ich eine Zeitung aus der Tasche und versuche zu lesen (derweilen winken die weiter). In diesem Moment wird die Bordtreppe weggezogen, die Motoren springen an, an ein Abspringen ist nicht mehr zu denken.

Die Maschine kommt ins Rollen, wie etwas ins Rollen kommt und nicht mehr aufzuhalten ist, stellt sich gegen den Wind – und dann donnert sie los, eine Explosion jagt die andere, und wir alle, wie wir da sind, Personal, Passagiere, Koffer, alles fliegt jetzt mit einem großen Getöse in die Luft.

Wenn in Großmütterchens Tagen jemand mit großem Getöse in die Luft flog, so wurde er von den trauernden Hinterbliebenen heftig beweint. Heute ist das In-die-Luft-Fliegen fahrplanmäßig geregelt und mithin bedeutend ungefährlicher.

Verstohlen werfe ich einen Blick aus dem Fenster. Er fällt auf einen Friedhof, dicht neben dem Flughafen. Die schrägliegenden Tragflächen richten sich auf, wir steigen unmerklich, jetzt sind wir schon über Unter den Linden. Wie winzig die Bäume dort von hier oben erscheinen. (Ich muß allerdings zugeben, daß sie mir unten auch nicht größer erschienen sind.) Da verschwindet auf einmal die große Stadt Berlin unter einem weißen undurchdringlichen Schleier. Rechts ist Nebel, links ist Nebel, vorn und hinten alles Nebel. Das einzige, was sichtbar bleibt, das sind wir und unser Flugzeug.

Draußen brummen die Motoren, eine eindringliche Musik, die Sinfonie des 20. Jahrhunderts; auf zwei Flügeln.

Unser Flugzeug ist längst zu einem Omnibus geworden. Wir fliegen nicht mehr, wir fahren. Auf einer schnurgeraden, tadellosen Straße. Nur eben, daß man nicht überall aussteigen kann, weil's in der Luft noch keine Bedarfshaltestellen gibt. Ab und zu schicke ich auch wieder einen Blick zur Landschaft hinunter. Aber ich merke es immer stärker, es ist ein aussichtsloses Unternehmen.

Plötzlich aber wird das Nebelgebräu unruhig, es dampft, es wird undicht, durchsichtig: Tief unten, dort wo die Erde ist, schimmert es himmelblau. Die kleine Fläche wird zusehends größer, breiter, blauer und wirklicher: die Ostsee!!! (Fast verschwindend, aber doch noch zu erkennen, dünne lange Striche kreuz und quer: die Schiffahrtslinien.) Wir gehen tiefer. Keiner sagt „abwärts", wie im Kaufhaus, aber man spürt es dennoch im Gedärm. Angenehm unangenehm. 1500 – – 1000 – – 500 – – der Zeiger des Höhenmessers geht tiefer und tiefer. Zwei Plätze vor mir steht ein Herr auf, greift in in das Gepäcknetz und kramt in seiner Tasche. Sucht er seine Badehose? Bei 1000 Meter sehe ich mich fragend im Kreise um. Sie scheinen alle noch nichts zu merken. Hier stimmt doch etwas nicht. Wir werden hinunter müssen – mitten auf die Ostsee. Irgend etwas ist da nicht in Ordnung. Von 1500 und 50 runtergehn – das ist direkt verschleudert. Immer schwächer laufen die Motoren, da sind wir aber auch schon wieder über Land, und eine Minute später setzt die Maschine auf, sanft und elegant: Kopenhagen.

Ich schäme mich tief; viel tiefer, als wir hinuntergegangen sind. Das nächste Mal können wir meinetwegen unter dem Meeresspiegel fliegen, und ich werde denken, das wird schon seinen Grund haben, und wenn's der Meeresgrund ist. Von Kopenhagen nach Malmö sind es kaum zehn Minuten. Hier sind Ansätze für einen Vorortflugverkehr. Wir landen, steigen wieder auf, genießen vier Kilometer schwedisches Land, dann ist es wieder aus. Die schwedischen Gardinen werden zugezogen. Lange Zeit. (Wer die Redensart erfunden hat von der Zeit, die wie im Fluge vergeht, der hat noch keine langen Flugreisen gemacht.) Aber dann scheint auf einmal die rote Abendsonne durch die Fenster. Wir fliegen hoch über den Wolken. Ein Romantiker kann hier unschwer eine komplette Landschaft hineingeheimnissen. Eine weite, endlose Landschaft mit eigenem Rundhorizont, selbständiger Sonne usw. So weit das Auge beziehungsweise die Phantasie reicht, ist diese Landschaft völlig vereist und tief verschneit. Aber was drunter ist, läßt sich an den Konturen mühelos erkennen: Berge, Täler, Wälder, Landeskronen, Landstraßen, sächsische Schweizer, Montblancs, Schrebergärten, Felder. – Manchmal sehen die Wolken auch wie Wolken aus. Aber ganz selten.

Das Ganze ist großartig gemacht; man muß es nur eben oberflächlich genießen.

Es bleibt aber nicht bei der oberflächlichen Betrachtung; wir gehen tiefer: Schon ist es aus mit der Illusion! Finsterster Naturalismus umgibt uns ringsum und verdunkelt die Kabine. Es wird unheimlich. Und immer dunkler. Plötzlich sehe ich über dem rechten Tragdeck lodernde Flammen! Das ist das Ende, denke ich und schließe die Augen. Nach einer Weile öffne ich sie wieder und bemerke, daß die Flammen aus einem Auspuffrohr flattern. Am Tage sah man das nicht. Ich schäme mich meiner Kleingläubigkeit und schwöre es mir, es nie wieder zu sein.

Da dreht der Bordfunker ganz vorn in der Führerkabine an einem dort aufgehängten Radioapparat. Er dreht auffallend lange. Vielleicht ist oben die Wolken-Antennenanlage zerrissen. Nun kann vermutlich kein Mensch mehr heraufkunken, wir werden aufs Geratewohl durch die Wolken und irgendwo anstoßen. – In den Augen der Mitreisenden ist leider nichts zu lesen. Es ist viel zu dunkel. Aber wir sind ja wohl schon durchgestoßen. Unten ist Wasser zu sehen, vielmehr Eis in Butzenscheibenform. Dann kommt wieder Wald, dann wieder Wasser. Über allem ein Schneetreiben und ein Wind, der offensichtlich auf unser fahrplanmäßiges Eintreffen pfeift. Wenn wir hier notlanden müssen, werden wir erstens verhungern, zweitens erfrieren und drittens ertrinken; das aber glücklicherweise erst im Frühling, wenn es taut.

Um sieben Uhr abends landen wir in Stockholm. (Als wir heranfliegen, ist gerade Illumination. Ein reizender Anblick. Fast so schön wie im Haus Vaterland, freilich nicht so überzeugend.)

Vor dem Flughafen wartet der Autobus der Luftfahrtgesellschaft: bereit zur Fahrt in die Hauptstadt. Leider sollen die Straßen heute böse vereist sein. Aber na, die ganze Reise ist glatt verlaufen, warum soll das letzte Stückchen nicht auch noch glatt gehen? Hoffentlich fährt er recht langsam. Bei einem Auto kann das nie etwas schaden. Ihm bieten sich natürlich unendlich viel mehr Möglichkeiten: Bäume, Gräben, Kurven, ungeschützte Bahnübergänge.

Wie wenig Gefahrenmomente bietet dagegen das Fliegen!

Nachts im Traum erscheinen mir zwei Männer. Ein gewisser Ikarus und ein Schneider aus Ulm. Natürlich schwärme ich von meinem heutigen Erlebnis. „Sie müssen fliegen, meine Herren", sage ich, „wo Sie können, fliegen...!" Da werden sie kreidebleich und verabschieden sich hastig mit bösen Worten.

Vielleicht bin ich wieder einmal ins Fettnäpfchen getreten?

Der mutige Seefahrer

Wenn er von oben runterschaut,
Beschleicht ihn eine Gänsehaut.
Trotzdem muß er sich zwingen,
   Der mutige Mann,
   Der tapfere Mann,
Nicht relings reinzuspringen.

Sobald das Ganze etwas schwankt,
Ist er als erster see-erkrankt
Und muß sich suggerieren,
   Der mutige Mann,
   Der tapfere Mann,
Dem Schiff kann nichts passieren.

Wenn es ihm etwas besser geht,
Verkriecht er sich im Reiseplaid –
Und denkt mit leisem Grauen,
   Der mutige Mann,
   Der tapfere Mann,
Nicht in die Wogen schauen.

Und endlich naht der Küstenrand.
Das Schiff legt an. Er geht an Land.
Was sagt in diesem Falle,
   Der mutige Mann,
   Der tapfere Mann?
„Ich nicht! Sonst aber alle!"

Weltuntergang in Litauen

Eines Tages stand man in Litauen vor der ernsten Frage, wie man einem Weltuntergang mit Abstand begegnen könne, Blindgänger der Astronomie hatten Tag und Stunde bereits genau berechnet: Panik et circenses waren die sofortige Folge. Die panisch Reagierenden wollten sich ins Wasser stürzen, die circensischen ins Vergnügen. So erwartete man das Ende. Je nachdem, gelassen oder ausgelassen.

Aber plötzlich wurde die Sache abgeblasen. Im letzten Stündlein sozusagen.

Man sollte den Weltuntergangsternen ihr teuflisches Mundwerk legen. Mit dem Halleyschen Kometen 1911 sind wir schon mal hereingefallen.

Die ausschweifenden Kometen mögen sich von den nicht minder ausschweifenden Erdenbürgern angezogen fühlen. Das mag sein. Da es aber niemals zu entscheidenden Zusammenstößen kommt, scheint zwischen beiden Planeten ein Nichteinmischungspakt geschlossen worden zu sein. Und wirklich, der Mensch hat es nicht nötig, sich von fremden Himmelskörpern ins Handwerk pfuschen zu lassen. Das bißchen Erdball kriegt er ganz allein kaputt.

Ruinöses

Kennt ihr das Land, wo die Ruinen blühn, das Griechenland? Ich kenne es leider nur vom Hörensagen oder noch besser: vom Sagenhören.

Aber führt mich mit verbundenen Augen nach Athen, nehmt mir dort die Binde ab und fragt: Wo steht die Akropolis? Dann zeige ich mit dem Finger, und ich wette, wo er hinweist, steht die Akropolis. Oder fragt mich nach dem Kolosseum. Sofort würde ich mit dem Finger an die Stirne tippen und sagen: „Mensch – hier . . .!" (dort nämlich, wo der Finger hintippt), „das Kolosseum ist doch in Rom."

Wer möchte jetzt noch zweifeln, daß mir die Stätten klassischer Zerstörungskunst nicht vertraut wären. Schließlich besitze ich eine humanistische Einbildung. Trotzdem – ich weiß nicht, ob ich atmen könnte an Ort und Stelle, angesichts so vieler Zeugen einer großartigen Vergangenheit. Vor Zeugen bin ich immer befangen. Gar erst vor solchen Zeugen, deren Existenz für alle Zeiten ruiniert ist. Wie riesenhaft müssen die Attentate auf die klassischen Altertümer gewesen sein, daß immer noch Zeugen gesucht werden!

Aber sie werden dann lange warten müssen, diese Zeugen, bis sie zur Verhandlung aufgerufen werden gegen ihre Verstümmler. Wahrscheinlich bis zum Jüngsten Gericht. Bis dahin können sie immer nur aussagen. Jede Generation von neuem.

Und paßt auf: Wenn es soweit ist, wird es niemand gewesen sein wollen.

Mein letzter Wille
(Grabspruch)

Du stehst noch hier,
Und ich bin hin.
Bald bist du dort,
Wo ich schon bin.

Im übrigen ...

Ich sage nur – K. d. K. und Katakombe

Berlin 1929: die freieste Weltstadt der Welt. Nach dem Kriege wußte man das noch besser als vor dem Kriege. Die herrlichsten Bühnen, die frechsten Kabaretts. Von Reinhardt bis Robitscheck. Robitscheck – wie schnellebig die Zeit ist – muß heute bereits eine Fußnote bekommen: „Gründer und Leiter des Kabaretts der Komiker." K. d. K., das ist vielen noch ein Begriff. Mittelding zwischen Varieté und Theater, zog es sein Publikum Abend für Abend zum Lehniner Platz. Der schwarzhaarige, zigeuneräugige Hausherr saß bis unmittelbar vor dem Beginn der Vorstellung persönlich an der Kasse (sehr wichtig). Unmittelbar nach Beginn der Vorstellung stand er persönlich auf der Bühne und konferierte. Nicht immer, aber leidenschaftlich gern. Seine Conférenciers vom Dienst hießen Paul Nikolaus und Willi Schaeffers. Klassiker unter den Kabarettisten. Paul Nikolaus, maliziös lächelnd vor jeder Pointe. Den Kopf mit der weißen Strähne im dunklen Haar immer etwas nach rechts geneigt (er selbst war durchaus nicht nach rechts geneigt, im Gegenteil). Willi Schaeffers, auch etwas schief, aber von Kopf zu Fuß, der mit unterdrücktem Kichern und kleinen Äuglein die liebenswürdigsten Frechheiten und Bosheiten ins Parkett schießt.

Beide haben eine ganz verschiedene Art zu konferieren, nur am Schluß, wenn sie zur eigentlichen Ansage gekommen sind, kurz vor dem Beginn der nächsten Nummer, gleichen sie nicht nur sich selbst, sondern gleichen auch allen sie nachmachenden Kollegen: Sie heben die bis dahin tief unterkühlte Stimme plötzlich, wie ein Trompeter seine Trompete zum Fanfarenstoß hebt. Die Stimme bekommt Wärme, sogar Feuer. Sie rufen mit einem Pathos, das ihnen sonst völlig abgeht: „Und nun –." Und nun, nach einer kleinen, aber spannungsgeladenen rhetorischen Pause, folgt der Name des Künstlers. Ist es noch keiner, wird er noch kurz in Haft genommen (zauber-, meister-, fabel-haft). Ist es aber schon einer, dann: „Ich sage nur –", und dann steht der Name wie eine Eins im Raum: z. B. Ilse Bois! Aber diesen Namen als kleine Arie darzubieten, behielt Kurt Robitscheck sich vor. Dann abgehend, flötete er sein bekanntes: „Seien Sie lieb und nett zu ihr."

Robitscheck, Nikolaus, Schaeffers, diese drei! Alle anderen Sterne des Kabaretts der Komiker nenne ich hier nicht, weil ich keinen vergessen will. Das Angebot an Prominenten war beträchtlich.

Die jungen Leute, die sich in dem 1929 gegründeten Kabarett „Die Katakombe" einen Namen machten, hatten um diese Zeit noch keinen. Wer kannte Hans Deppe, wer Rudolf Platte oder Dolly Haas, Inge Bartsch, die Herking? Theodor Heuss (wer kannte damals Theodor Heuss?) zählte zu den Stammgästen. Gustaf Gründgens, lange noch ehe er dem Staatsrad in die Speichen griff, schrieb ins Gästebuch: „Nach Eurer Parodie werde ich nie mehr Strindberg und Ibsen inszenieren können." Eine Wandervogel-Parodie, „Die Tandaradei", wurde Gesprächsthema im Berliner Westen. Die Katakombe war der Dernier cri Berlins geworden. Über Nacht. Nicht über Nachtausgabe. Dieses Blatt, das uns anfang links liegen ließ (wir lagen ja tatsächlich links), dieses vorvölkische Blatt nahm erst Notiz von uns, nachdem uns die jüdischen Mosseblätter entdeckt und „das z. Z. beste und lebendigste Kabarett Berlins" genannt hatten. Wir waren auch das ausverkaufteste. Wir waren im Eröffnungsprogramm zufällig ausnahmslos das, was man vier Jahre später Arier nannte.

Sagte Finck (27): „Wie ich auf den Namen Katakombe gekommen bin? – Ganz einfach: Vor 2000 Jahren war die Katakombe der Zufluchtsort der ersten Christen, heute ist sie der Zufluchtsort der letzten." Goim naches. Ein paar Jahre später warf ihm ein erwachter Deutscher ein provozierendes „Judenjunge!" zwischen zwei Pointen. Antwort: „Sie irren, ich sehe nur so intelligent aus!"

Die Urkatakombe in der Bellevuestraße befand sich in einem Keller, der dem Verein Berliner Künstler gehörte (jüngstes Mitglied 90 Jahre alt – Übertreibung!); ursprünglich wollte man ihn uns nur einige Male in der Woche überlassen.

Der unerwartete Publikumsandrang machte diese Einschränkung aber praktisch unmöglich, so daß sich die alten Herren schließlich mit einer Beteiligung an den Einnahmen als Schmerzensgeld begnügten. Wir zu einem Kollektiv zusammengeschlossenen Mitwirkenden bekamen die Einnahmen aus den Eintrittskarten, das ergab auf Treu und Glauben (aber nur so) 25 Mark pro Kopf, gleichviel, ob er schwach oder stark war.

Weil das Haus in der Bellevuestraße mitsamt dem Keller verkauft wurde, mußten wir es verlassen und – nach ein paar Interimswochen im Haus des blauen Vogels (Jushni) am Kurfürstendamm – in die Lutherstraße übersiedeln. Statt einen Stock tiefer in den Keller, mußten unsere Gäste jetzt einen Stock höher steigen. Erstmaliger Fall einer Katakombe in der ersten Etage.

Im Jahre des Heils 33 sollten wir uns geschlossen hinter den Führer stellen. Wir stellten uns. Allerdings nur auf die Hinterbeine. Und geschlossen wurden wir im Mai 1935.

Drei Mann von der Katakombe wurden gelagert. Drei vom ähnlich entarteten Kabarett „Tingeltangel" desgleichen. – Hinter elektrisch geladenen Stacheldrähten und Wachttürmen mit MG-Schützen wurde zu Pfingsten 1935 ein Teil des letzten Katakomben- bzw. Tingeltangelprogramms unter freiem Himmel wiederholt. Aus der Conférence jener makabren Veranstaltung: „Eure MGs da oben können uns leider nicht imponieren. Wir hier unten haben ja Kanonen mitgebracht: Günther Lüders, Walter Gross, Heinrich Giesen (†) usw."

An unsere Monate im Lager schloß sich ein Auftritts- und Arbeitsverbot an, das im April 1936 aufgehoben wurde. Das Kabarett der Komiker war inzwischen in die Treuhände von Dr. Hans Schindler übergegangen, der mir sofort nach der Aufhebung meines Arbeitsverbotes Asylrecht in seinem Haus gewährte. Dieser unerschrockene Mann, der die neuen Herrschaften nicht nur haßte (das tat jeder anständige Deutsche; und die waren in der Mehrheit), sondern der das auch immer wieder zum Ausdruck brachte (hier teilten sich die Meinungen), nahm sein Schicksal voraus, das ihn mit Sicherheit eines Tages (genauer eines Morgens. Früh um fünf) ja doch erreicht hätte. Er starb. An einem Blinddarmdurchbruch.

Seine Mutter beauftragte den Conférencier Hellmuth Krüger und mich mit der interimistischen Weiterführung des K. d. K. Ein paar Monate später wurde die Direktion dann offiziell ausgeschrieben. Aus den vielen Bewerbern wählte das Propagandaministerium, das sich eingeschaltet hatte, Willi Schaeffers aus, der sich schweren Herzens dieser Anordnung von höchster Stelle fügte. In seinen größten menschlichen Konflikt kam er dann im Jahre 1939, als Goebbels ihn vor die Alternative stellte, mich (meine Bescheidenheit verbietet es mir, „meine Wenigkeit" zu sagen), den Conférencier Dr. Peter Sachse und die drei Ruhlands fristlos zu entlassen. Oder – nun ja, wir wissen ja, wessen ein zornbebender Goebbels fähig war.

Schaeffers hat sich natürlich sofort beim Minister melden lassen. Aber der aufgebrachte Minister hat ihn gar nicht erst zu Wort kommen lassen.

Dieser unglückliche Zwischenfall hat dem armen Willi Schaeffers später unendlich viel Ärger und Kummer bereitet. Sein mutiger Versuch, das Kabarett der Komiker nach dem Kriege fortzusetzen, scheiterte trotz guter Programme.

So gehören die Katakombe und auch das Kabarett der Komiker heute der Geschichte an.

Den Namen unserer im SA-Sturm gesunkenen Katakombe hat sich ein Schwabinger Künstlerkeller nach dem Kriege an Land gezogen, als Strandgut. Sollnse!

Schreibt jemand einmal die Geschichte des Kabaretts der Komiker, so wird die dumme Geschichte mit Goebbels verblassen vor dem Glanz dieses Kabaretts in seinen Glanzzeiten, den es nicht zuletzt zwei Namen zu verdanken hat. Ich sage nur: Paul Nikolaus und Willi Schaeffers!

Ich cabaresigniere

Das ist zusammengezogen. Wie alles sich mir zusammenzieht, wenn das Wort Cabaret auftaucht. Im Anfang war das Cabaret. Mit dem aigu und dem haut goût, der es erst schmackhaft macht wie alles Wild. Es war wundervoll wild, als es begann. Die Quelle des Cabarets entsprang in Paris. Lebendig, funkelnd, spritzig, mitreißend. Später, als ein breiter Strom daraus geworden war, bahnte der sich sein Bett auch in Deutschland. Bett war das Stichwort für die Vergnügungsindustriellen, die den Strom in einen Goldstrom verwandelten, ihn regulierten, eindämmten und schiffbar machten für die Lustkähne der Spießbürger. Die Quelle versiegte nach und nach, aber der Strom ist geblieben, wenn auch versandet und verschlammt.

Das Cabaret war der amüsanteste Protest, der je gegen die Langeweile konventioneller Geselligkeit erhoben worden ist. Später wurde es leider umgekehrt. Die konventionelle Gesellschaft protestierte gegen die Langeweile in den Kabaretts. Cabaret ist in Deutschland mit Kabarett übersetzt worden. Es gibt bekanntlich noch verschiedene andere Übersetzungen; die verhängnisvollste scheint mir die mit „Kleinkunst" zu sein. Seitdem erwartet man am Cabaret keine großen Künstler mehr, sondern nur noch kleine. Kleinkünstler, Zauberkünstler, Rechenkünstler, Hungerkünstler (merken Sie was?). Vielleicht halten es aus diesem Hintergrund unsere großen Schauspieler unter ihrer Würde, in einem Cabaret aufzutreten. Sie lassen sich zwar ab und zu einmal dazu her, aber, bitte, nur um sich etwas nebenbei zu verdienen (das „neben" ist dann meistens einbringlicher als das „bei").

Dann gibt es noch die Umschreibung des Wortes Cabaret durch „Bunte Bühne". Schon vor dem Cabaret der Pariser Maler, Dichter und Sänger gab es ja jene Cabaret genannte kleine Miniaturdrehbühne, auf der die niedlichsten gastronomischen Röllchen zur Vorstellung gebracht wurden. Es drehte sich bei diesem fächerförmig angeordneten bunten

Teller um vormahlzeitliche Leckerbissen, um appétit fours. Diese Zwitter zwischen Varieté, Zirkus, Kabarett und Operette haben sich nach der Kapitulation genug in den Vordergrund gedrängt, als daß ich hier näher auf sie einzugehen brauchte. Sie werden, wenn es an der Zeit ist, schon von selber eingehen.

Zum Glück sind unsere Cabarets auf dem Wege der Besserung. Laßt uns weiterhin die goldenen Kälber unserer Vergnügungsindustriellen auf dem Altar der heiteren Musen, auf daß wir das Wort Cabaret oder Kabarett eines Tages wieder gebrauchen können, ohne dafür von den Vertretern der Schwesternkünste mitleidig an- oder vielmehr nicht angesehen zu werden. Auf daß wir wieder das Cabaret signieren können mit unserem ehrlichen Namen.

Glanz und Elend des Conférenciers

Es ist 19.59 Uhr. Der Fernseh-Bildschirm ist von einem magisch leuchtenden Ziffernblatt bis zum Rand ausgefüllt. Der unnatürlich helle, überdimensionale Zeiger wippt von Sekunde zu Sekunde in hektischer Präzision. Der berühmte Conférencier steht auf seinem ihm von der Technik angewiesenen Platz. Wenn der Zeiger auf die Zwölf kommt, wird es ernst. Dann werden viele Millionen ihn sehen und hören. Und er? Was wird er sehen? Zwei oder drei Techniker und Bühnenarbeiter, die ihren genau vorgeschriebenen Platz eingenommen haben, um ihre genau vorgeschriebenen Handgriffe und Bewegungen auszuführen. Wenn die Sendung läuft, so lautlos wie möglich. Denn Millionen würden es als illusionsstörend empfinden, wenn ein Arbeitsgeräusch zu hören wäre.

Der Zeiger hat den Strich erreicht, der den Anfang der Sendung automatisch auslöst. Die anmutig frisierte Ansagerin gibt, fein gerastert, bekannt, daß man jetzt ein Kabarett sehen werde.

Der berühmte Conférencier vermiest sich seine in eiligen Proben erprobte gute Laune. Dieses hübsche Bild-Mädchen redet von Kabarett, davon kann aber gar keine Rede sein. Irreführung der öffentlichen Meinung. Ein Kabarett ist ein Lokal, dies hier ist eine Montagehalle, vorzüglich dazu geeignet, am laufenden Tonband elektronisch bewegte Bildsendungen herzustellen. Die Halle ist geräumig genug, um eine feldstarke Batterie von riesigen Scheinwerfern, Gerüsten, Kabeln und Dekorationen klein erscheinen zu lassen, zu klein, um auch nur dem fünften Teil des angeschlossenen (also unfreien) Publikums Platz zu bieten.

Jetzt tastet sich – die Sendung läuft bereits! – der Assistent eines Hilfsregisseurs an den berühmten Conférencier heran und bedeutet ihm mit lebhaften Gesten, den rechten Fuß auf ein kleines Kreidekreuz zu stellen.

Diese Stellung war mit dem Kameramann von Kamera zwo ausgehandelt worden, nur so kann für ein einwandfreies Bild garantiert werden. Die Kamera zwo steht ihm gegenüber. Der stählerne Würfel, der die Kamera umschließt, zeigt sich geneigt. Aber es ist eine mathematisch berechnete Zuneigung, ohne Rührung. Kalt wie alles in diesem heißen Studio. Das Glasauge des Objektivs ist scharf auf sein Opfer gerichtet. Wie die schwarze Mündung einer Kanone. Entfernung: 1,5 Meter. Die Entfernung des Publikums – aus dem Studio (laut Anordnung) – ist unendlich.

Der Abstand zwischen den Unterhaltungsproduzenten und den Unterhaltungskonsumenten ist (auch) unendlich. Man braucht von der Konsumentenseite nicht erst gebeten zu werden, man ist gezwungen, „Abstand zu nehmen" von jeglichen Beifallskundgebungen. Wozu auch Beifall? Er würde ungehört verhallen, ersticken. Und dem Lachen ginge es genauso. Keimfreie Unterhaltung, gefilterte Atmosphäre, Akt ohne Wollust, Patrone ohne Pulver. Abenteuer ohne Gefahr.

Noch sieben-, noch sechsundvierzig Sekunden. Dann wird das kleine rote Licht auf dem Kameragehäuse aufleuchten, dann ist er dran.

Warum macht ihn das so nervös? Vierundvierzig Sekunden, dreiundvierzig.

Als er zum erstenmal konferierte, hatte er sich aus einem billigen Büchlein („Kennen Sie den schon?" „Tausend Sachen zum Brüllen und Lachen") Witze notiert, um sie unauffällig anzubringen, aber als er dann plötzlich vor dem Publikum stand, hatte er alles vergessen und hilflos verlegen irgend etwas Komisches gestottert. Aber das zündete. Das freute ihn unbeschreiblich. Und daß es ihn unbeschreiblich freute, freute das Publikum, und so steigerten sie sich aneinander hoch. Der Abend war ein Triumph. Der erste seines Lebens. Und der Anfang seiner Karriere. Es muß ein besonders gutes Publikum gewesen sein. Es gab später auch Abende – als er schon der berühmte Conférencier war –, da enttäuschte er sein Publikum, das ihn fade fand, weil er es enttäuschte, und das er fade fand, weil es ihn enttäuschte. Sie waren lächerlich abhängig voneinander. Er war, so pflegte er zu sagen, so gut und so schlecht wie sein Publikum.

Noch fünf Sekunden. – Heute hat er weder gutes noch

schlechtes Publikum. Er hat überhaupt keines. Er wird also weder gut noch schlecht, sondern das, was übrigbleibt (was bleibt ihm anderes übrig); er wird nicht einmal weder – noch sein. Er wird überhaupt nicht sein. Genau wie sein Publikum. Diese amorphe Masse, die vor Millionen Fernsehapparaten sitzt und Unterhaltung anzapft. Noch nie in der Geschichte der Welt haben Künstler so viel Publikum auf einmal gehabt wie in unseren Tagen im Fernsehen. Noch nie waren sie so einsam, so verlassen. Die Millionen sind ja doch nur statistisch vorhanden. In der Theorie. Praktisch sind es immer drei, vier. Im Durchschnitt.

Er haßt den Durchschnitt! Das kommt noch dazu. Woanders wartete man jetzt noch, ob nicht noch ein paar kommen.

Die rote Lampe brennt. Seit zwei Sekunden. Der berühmte Conférencier hätte in dieser (kostbaren) Zeit schon launig plaudern müssen. Hat er nicht aufgepaßt in seiner Verwirrung? In seinem Publikummer? (ein Wortspiel, das von ihm stammt). Hat er in alter Gewohnheit abgewartet, bis der Applaus verebbt ist? Auf dem Bildschirm, der sekundenlang sprachlos war, hatte man nur ein unendlich trauriges Gesicht gesehen, mit einem Diadem aus Schweißperlen auf dem kahlen Haupt. Eine dicke Perle zieht sich langsam in die Länge und erscheint als Überflüßchen an der Wange.

Er erwachte noch rechtzeitig, bevor es zu einer Panne kam. Er lächelt verlegen. Die Kamera verzieht keine Miene. Oder lacht sie? Dann nur aus. Das Glasauge starrt ihn verglast an. Und doch nüchtern.

Da man es ihm – dem großen Conférencier – selbstverständlich überlassen hat, was er in den ihm zugeteilten einhundertachtzig Sekunden sagen wollte – zwei davon, wie gesagt, hat er bereits nichtssagend vergeudet –, sagt er nach kurzer Überlegung: Scheiße! Dann entzieht sich der berühmte Conférencier mit einer schnellen Bewegung dem Sehfeld der Kamera, verläßt das weiße Kreuz seiner Haft und setzt sich aufatmend zur Ruhe.

Gleich darauf erscheint die gepflegte Geisterschrift: Bildstörung. Es war aber eine Geistesstörung.

Der Sendeleiter kommt gut gekleidet und aufgeregt ins Studio: „Sind Sie wahnsinnig geworden? Es war das erste und das letzte Mal, daß Sie hier konferiert haben."

„Das will ich glauben", sagt der berühmte Conférencier und verläßt – nicht ohne über ein Kabel zu stolpern – das Studio.

„In dieser sonst so geschlossenen Unterhaltungssendung", schrieb der als boshaft bekannte Fernsehkritiker Dr. P. K., „fiel ein einziges Wort aus dem Rahmen, weil es natürlich war."

PS. 1: Die Handlung dieser Geschichte ist frei erfunden. Sollten sich irgendwelche Personen oder Zustände betroffen fühlen, so ist das ein reiner Zufall.

PS. 2: Inzwischen sind die Fernsehsender dazu übergegangen, kabarettistische Sendungen mit Publikum aufzuzeichnen. Dazu werden möglichst viele Prominente eingeladen, besonders Politiker, die dann entsprechend aufgenommen werden: Von der Kamera aufs Korn, von der Bühne her auf den Arm. Und die Prominenten? Wie nehmen die es auf? Mit herzlichem Lachen natürlich. Auch die böseste Kränkung. Denn man trägt heute Humor. Und das ist das neue Dilemma des Kabaretts.

Optimistischer Jahresglückwunsch 1965

Ich bin fest davon überzeugt, daß im neuen Jahr alles viel, viel besser wird:
 Die Panzer, die Raketen, die Abwehrwaffen.

Leben in Beurteilungen

1902:
„Ein kräftiger, gesunder Junge ..."
(Aus einer hocherfreuten Anzeige des Apothekenbesitzers B. Finck und seiner Frau im Neuen Görlitzer Anzeiger)

1911:
„... rotznasiges, freches Lauseaas, das nun Gymnasiast sein will, aber nichts als Anlagen zertrampeln kann und nachher noch ausreißt."
(Anzeige des Parkwächters Kretschmer oder Kretschmann [unleserlich])

1916:
„Betragen gut, Aufmerksamkeit und Fleiß mangelhaft."
(Aus einem Dreiwochenzeugnis des Pädagogiums Lahn)

1917:
„Hat die Prüfung als Totenkopfschwimmer im offenen Bober bestanden."
(Urkunde)

1918:
„Teilweise vernagelt wie ein Hilfsschüler, überrascht er dann manchmal mit geradezu genialen Antworten."
(Dr. Linig, Vorbereitungsanstalt für das Einjährige [mündlich überliefert])

„Ob er die Sekundareife besteht, ist zweifelhaft."
(Auskunft des Ordinarius)

1919:
„Seine Art zu skizzieren, läßt viel erhoffen, aber es mangelt dem Schüler sehr an Ernst und strenger Auffassung des Malberufes."
(Professor Guido Richter, Kunstschule Dresden)

1920:
„... süßer, goldiger, allerbester Mensch der Welt!"
(Urteil der siebzehnjährigen Lottelies K. aus Dresden)

1921:
„Ein blonder, sympathischer Märchenerzähler im Wandervogelkittel begeisterte gestern die Schüler der 17. Volksschule."
(Frankfurt am Main)

1925:
„... sprach den Hamlet so eindrucksvoll vor, daß man ihn sofort als jugendlichen Komiker engagierte."
(Direktor Albert Heinemann, Schlesisches Landestheater, Bunzlau)

1928:
„Der ehrlichste Rat, den ich Ihnen geben kann: gehen Sie ab vom Theater."
(Prof. Carl Ebert, Intendant des Darmstädter Landestheaters [überliefert])

1929:
„Werner Finck: Er ist hingerissen von seinem Publikum, und das Publikum ist hingerissen von ihm, daß er so hinge-

rissen sein kann . . . Ein neuer Mann, der sich Berlin in kurzer Zeit erobert haben wird."
(Pem im Organ der Berliner Varietéwelt)

1933:
„Die Rolle des Kandidaten der Theologie an Werner Finck zu vergeben, war ein arger, unverzeihlicher Mißgriff der Froehlich-Film-G.m.b.H. Gegen sein Spiel ist nichts einzuwenden . . . aber die Person ist es . . . Ein Mann, der zu den verheerendsten Gestalten der Berliner Asphaltkultur gehört. Ein Mann, der sich nicht entblödete, in albernster Weise die Gefühle des nationalen, religiösen Deutschland in den Schmutz zu ziehen, paßt nicht in die Darstellung eines nationalen Filmes . . . Dieser ‚große Dichter' Werner Finck, der von Krieg und Heldentum keine Ahnung hat, muß ausgerechnet auf den Feldern von Leuthen den Heldentod sterben!"
(Stahlhelm-Zeitung „Friedericus", Berlin)

„Was wäre die Katakombe ohne den witzigen, immer zu Ausfällen köstlicher Art geneigten Werner Finck."
(8-Uhr-Abendblatt, Berlin)

1934:
„Ein Abend mit Finck könnte ein halbes Dutzend Kabaretts und Revuen für lange Zeit geistig finanzieren."
(Filmkurier)

„Katakombe ist das interessanteste, gepflegteste Kabarett . . ."
(Germania)

1935:
„... das ist ein Programm, zu dem man endlich aus vollem Herzen ja sagen kann ..."
(Völkischer Beobachter, Berlin, Ende April oder Mai 1935, nur dem Sinn nach zitiert)
„Führung ohne Strafen."
(Entlassungsschein aus dem KZ Esterwegen, 1. Juli 1935)

1939:
„The ‚Katakombe' was closed and Werner Finck, Berlin's most popular wise-cracking humorist, famous for his ‚thinice' jokes about the Nazis, was expelled from the Reich cultural chamber by Dr. Goebbels ..."
„... humoristen naar het concentratie-kamp"
„Finck mottog redan 1935 en allvarling varning för ..."
(„Times" und andere Auslandsblätter)

1940:
„Der Funker Finck darf nur zu den schwersten und niedrigsten Arbeiten herangezogen, irgendwelche Erleichterungen, Vergünstigungen usw. dürfen ihm nicht gewährt werden. Er darf im Rahmen der Truppe weder Veranstaltungen leiten noch sich selbst künstlerisch betätigen. Seine Feldverwendung ist ‚entsprechend' vorzusehen."
(Aus einem Geheimbefehl des Reichspropagandaministers, kürzlich mitgeteilt vom damaligen Kompaniechef Arnulf Oster. Original im Privatbesitz)

1942:
„Im Namen des Führers überreiche ich Ihnen das EK 2 und die Ostmedaille."
(Der Regimentskommandeur N. 23 bei einem Appell im Raum von Smolensk)

1944:
„... und ist Uffz. Finck, sobald er eine Bühne betritt, sofort zu verhaften."
(NSFO-Befehl)
„... denn auf jeden Fall wirkt Finck – wenn auch vielen unbewußt – erzieherisch ... führt in die klaren Höhen eines gesunden Humors, hinter dem sich Lebensweisheit verbirgt. Die Landser sind begeistert."
(Frontzeitung „Die Gams")

1946:
„Sie sind der größte Idiot, den ich jemals im Rundfunk gehört habe."
(Alois Hintermoser, München-Land)

1948:
„Möchte man sonst unseren Rednern ‚Zur Sache' zurufen, müßte man Finck zum Gegenteil ermuntern. Das Nebensächliche ist seine Hauptsache."
(Die Zeit, Hamburg)

1952:
„Ich hoffe, daß Sie unser armes Berlin auch in den kommenden Jahren nicht vergessen werden: es hat es nötig."
(Ernst Reuter zum 50. Geburtstag von Werner Finck)
„... das Kautsch-Büchlein hat manche ins Leere fallende Stunde gerettet und ihr eine nachdenksame Heiterkeit geschenkt."
(Bundespräsident Professor Theodor Heuss zum 50. Geburtstag von Werner Finck)

1953:
„Es kann uns nie ganz schlecht gehen, solange er noch spricht und wir über uns lachen."
(Walter Kiaulehn)

1960:
„Denn dieser Finck beherrscht neben der Kunst, dagegen zu sein, auch noch die größere: durchschimmern zu lassen, wofür er ist."
(Karl Heinz Kramberg in „Süddeutsche Zeitung", München)

1963:
„‚Der brave Soldat schweigt' quälte sich mühsam über Runde und Stunde."
(Pinneberger Tagblatt)

„... denn der Mann ist unser aller Gewissen, könnte es noch auf lange Zeit sein ..."
(Die Welt, Hamburg)

1965:
„Wenn man Werner Finck sieht, wird einem bewußt, was für plumpe Amateure andere sind ..."
(Peter Berliner in „The Guardian", anläßlich eines Werner-Finck-Gastspiels in London)

„... wir brüllten vor Lachen an vielen Stellen – und wir mußten sehr an uns halten, um die Grenze zwischen Lachen und Weinen nicht zu überschreiten; denn wir wußten, was für ein sehr ernster Abend das war, bei all unserem Gelächter."
(Aufbau, New York, nach einem Gastspiel von Werner Finck in Amerika)